中級を目指す

60
トピックで鍛える
フランス語
リスニング

フローラン・
ジレル・ボニニ 著
Florent Girerd Bonini

白水社

本書の音声は、白水社のウェブサイトで無料で聞くことができます。

https://www.hakusuisha.co.jp/news/60ecouter

ユーザー名：hakusuisha

パスワード：8969

ナレーション： 著者
装丁： 古屋真樹（志岐デザイン事務所）
本文デザイン： 九鬼浩子（株式会社スタジオプレス）
校正協力： 奥山道

はじめに

　短文のフランス語なら聞き取れるのに、少し長い文章や、話すのが少し速いときにはなかなか聞き取れなかったり、部分的には聞き取れても内容が理解できない。そういう方に役立ててもらうために本書は作られています。つまり書き下ろしの **60** 編のエッセイを素材に、まとまった長さの文章を聞く力を身につけるというねらいです。

　フランス語を聞き取る力をつけるには必要なことは何でしょうか。まずは語彙を身につけること。知らない単語は、聞いても理解ができません。各ユニットの Vocabulaire を最初に聞いて、これから読まれる文章にどんな語が登場するか、準備をしてください。取り上げる語彙や表現は、フランス語ならではの慣用表現や言い回しも多くあります。教科書にはあまり載っていないこれらの表現も、自然なフランス語に接するために、ぜひ覚えてください。

　次に、リエゾンやアンシェヌマンという、発音の変化を理解すること。エッセイのスクリプトには、リエゾンとアンシェヌマンをする箇所を示しているので、参照してください。規則を覚えて、練習を重ねれば少しずつこの発音変化は自然に理解できるものになります。

　エッセイを読むスピードは自然な速さと、少しゆっくり目の **2** 種類を用意しています。まずは自然な速さで聞き、内容が大まかに理解できるか試してください。そしてゆっくり目の音声で聞きとれなかったところを確認してください。もちろんスクリプトも活用してください。

　本書で学べるのは語学だけではありません。エッセイを通して、フランスの社会や文化、考え方への理解を深められます。

　本書で学ぶことであなたのフランス語の力が全面的にアップし、フランス語への愛がさらに深くなればうれしいです。

著者

目次

フランスの文化や社会にまつわる、書き下ろしのテクスト60編を用意しています。これを聞いて、そして読んで確かめることでリスニング力をアップすることが本書のねらいです。

リスニング力アップのための発音のポイント

本編に取り組む前に、中級を目指すためにおさえておきたい発音をおさらいします。ちょっとした練習問題もあるので、取り組んでみてください。

本編

・全6章構成。テクストのテーマごとに章分けをしています。章ごとの難易度に大きなちがいはありませんので、興味のあるところから始めることもできます。

・各章は5ユニットからなり、各ユニットは関連する2つのトピックのテクストからなっています。

Vocabulaire テクストを聞く前に、どのような語彙や表現が登場するのかを確認します。テクストに出てくるうち、おおむねヨーロッパ言語共通参照枠のA2以上の語彙をここで取り上げています。

6

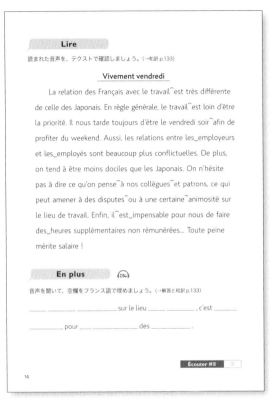

Écouter テクストの内容を、音声を聞いて理解できているかどうか、質問文に答えます。難しい場合は、まず質問文を読んで内容を予測してから聞くのもよいでしょう。解答は次ページにあります。音声は、自然な速さで読んだもの、少しゆっくり読んだものの2種類があります。まずは自然な速さの音声で聞いて、大まかに内容をつかめるか試してみてください。

Pronontiation テクスト内で、リエゾンとアンシェヌマンが起きる箇所を把握します。

Lire 読まれたテクストのスクリプトです。リエゾン、アンシェヌマンをする箇所も記してあります。ゆっくり読んだ音声を聞きながら読み返すのも効果的です。多読の素材としても活用ください。巻末に和訳を掲載しています。

En plus 音声を聞いて語を書きとるディクテーションの練習問題です。音声は、1回目は自然な速さで、2回目はゆっくり読まれます。解答は巻末に掲載しています。

リスニング力アップのための発音のポイント

リスニングの力をつけるためには、フランス語の発音のしくみを理解することが大切です。まずこのページで特に初級のうちは難しいポイントを押さえて、本編に臨みましょう。

鼻母音の発音 🎧001

鼻母音	on / om [ɔ̃]	an / am / en / em [ɑ̃]	in / im / ain / aim / ein / eim / yn / ym / un / um / (en) [ɛ̃]
由来の母音字	o	a	è
例	c'est bon	enchanté	pain, bien, matin

1. en (em) の発音の注意点
・基本的には、an [ɑ̃] と同じように発音されます。
  enchanté   pendant   France   ensemble
・単語の最後に来ると in / un [ɛ̃] と同じように発音されます。
  bien   lycéen   coréen   rien   chien

2. en のつづり字の注意点
・m, b, p の前では、鼻母音の n は m になります。
  ensemble   impossible

3. 鼻母音にならない場合
・鼻母音のつづり字の後に母音字がある場合、鼻母音の発音とはなりません。
  cousin / cousine   bon / bonne   un / une
  semaine   université   année

似ている「ウ」の音の区別 🎧002

	ou [u]	eu / e [ø]	u [y]
口の形	唇をすぼめて前に出す。		
舌の位置	舌を奥に引っ張って上げる。深い音で響く。	舌は口の真ん中にあり、力を抜く。	舌を口の中で前に出す。口蓋に触れつつ、舌先は下の前歯に当たる。

音節 🎧003

・母音ごとに構成される発音の単位を音節といいます。フランス語では音節ごとに発音します。ひとつの音節に、ひとつの母音（母音字ではありません）が含まれます。母音だけで音節を作ることもあれば、子音がくっついて音節を作ることもあります。

　1音節　ai → /ai/　　et → /et/　　être → /être/
　2音節　avoir → a/voir　　bonjour → bon/jour
　3音節　réussir → ré/u/ssir

・音節は子音で終わる場合もあります。
　bon/jour　a/vec　　/mer/　　/il/　　/sac/

・子音が2つ連続する場合、2つの音節に分けます。
　mer/ci　　par/tir　　par/ler

・二重子音と、「子音 + r/l」は、1つの子音としてみなし、音節を分けません。
　in/té/re/ssant　　/être/　　ré/flé/chir　　é/crire　　/trèfle/　　a/ppe/ler

エリジオン 🎧004

　le, la, je, me, te, se, que, de, ne, si（il の前でだけ）は、母音から始まる語の前に来ると、エリジオンされます。

　la étoile → l'étoile　　je ai → j'ai　　si il → s'il
　que as-tu → qu'as-tu　　il se est couché → il s'est couché

リエゾン

　本来は発音されない子音字で終わる語の後に、母音字で始まる語が続く場合、子音字と母音字がくっついて音節を作り、発音されるようになります。

必ずリエゾンをする場合 🎧005

　次の場合はリエゾンしなければ理解の問題が生じます。

1. 主語人称代名詞と動詞の間
　nous‿allons　　sont‿ils

2. 数字の後
　six‿enfants

3. 冠詞、指示形容詞、所有形容詞と名詞の間
　un‿ami　　ces‿histoires　　son‿amour

4. 1音節の前置詞の後（主に **dans, chez, en, sans**）

Je suis dans‿un café.　　　J'en‿ai marre !

5. 形容詞と後に来る名詞の間

Mes nouveaux‿amis sont très gentils.

un petit‿oiseau

6. 短い副詞の後（**très, trop, moins** など）

Je suis très‿occupé.　　Je suis trop‿occupé.

C'est moins‿intéressant.

7. **être** の後

C'est‿une jolie maison.

Ils sont‿au Japon.

ただし、親しい間ではしなくてもよいことがあります。

任意のリエゾン　🎧006

　このリエゾンをすると、より丁寧でフォーマルな印象になります。普段の日常会話ではあまりリエゾンしません。

1. 助動詞と準助動詞（**vouloir, pouvoir, devoir, aller**）の後

je suis‿allé　　　je vais‿aller

nous pouvons‿aller　　　je veux‿y aller

2. **pas** の後

Je ne peux pas‿aller au travail.

3. **ER** 動詞の後

Je veux aller‿à la fête.

J'ai envie d'apporter‿une bouteille de vin.

4. 複数形の名詞の後

des livres‿intéressants

5. **mais, dont** の後

Elle est intelligente, mais‿elle n'est pas autonome.

Le livre dont‿il m'a parlé est intéressant.

　フランス語は、開いた音節（母音で終わっている音節）を好みます。そのためリエゾンとアンシェヌマンが起きます。文の区切りや息継ぎを入れるとき以外は、アンシェヌマンをして発音を切らないようにします。アンシェヌマンはする場合としない場合の規則がはっきりとはありません。

　前の語の発音が子音で終わって次の語が母音から始まると、その子音と母音をつなげてアンシェヌマンをします。このとき、音節の区切り目が生まれると考えてください。あくまで文字ではなく、発音で考えてください。というのは、たとえば語末に e でも発音されず、発音は子音で終わります。例えば、次の語の音節は、語ごとに読むと

　pour elle et votre ami
　/pour/ /elle/ /et/ /vo/tre/ /a/mi/

　pour, elle, votre は子音で終わっています。これにアンシェヌマンが起きると、
　pour⌢elle et votre⌢ami
　/pou/re/lle et/ vo/tra/mi/

　もともとは pour と elle でふたつの音節だったのが、pour の最後の子音 r と elle の最初の母音 e がつながり、/re/ という音節になります。同じように、votre の最後の re（e は発音しない）と ami の最初の a がつながり、/tra/ という音節になります。

　avec⌢elle
　/a/ve/c elle/
　Je pars⌢au Portugal⌢avec⌢Amélie.
　Je/ pa/rs au/ Por/tu/ga/l a/ve/c A/mé/lie
　Tu commences⌢à quelle⌢heure ?
　Tu/ co/mmen/ces à/ que/lle heure
　J'ai une⌢autre⌢amie française.
　J'ai/ u/ne au/tre a/mie/ fran/çaise

　スムーズにアンシェヌマンとリエゾンをするためには、ある言葉を発音し始めるときに、後続する言葉を考えなければなりません。その意識をしていくことで、読むことも聞くこともだんだん上手になります。練習して身に付けることなので、頑張ってください！

1 音声を聞いて、読まれたのはどの語か答えましょう。 🎧008

1) bon	banc	bain
2) font	fend	feint
3) dont	dans	d'un
4) ton	temps	teint

2 音声を聞いて、読まれたのはどの語か答えましょう。 🎧009

1) ou	eu	u
2) loup	le	lu
3) fou	feu	fut
4) doux	deux	du

3 次の文の、リエゾンをする箇所には ‿ を、アンシェヌマンをする箇所には ⌒ を入れましょう。そして音声を聞いて確認しましょう。 🎧010

1) Il est quatre heures et demie.

2) Les arbres à droite sont immenses et feuillus.

3) C'est une bonne idée.

4) Notre oncle habite à Lyon.

5) J'adore étudier, mais ça me fatigue énormément.

6) Les nouveaux étudiants arrivent à l'école dans une heure.

7) Nous allons chez une amie cette après-midi.

解答

1 1) bain 2) font 3) dans 4) teint

2 1) ou 2) le 3) fou 4) du

3 1) Il⌒est quatre⌒heures⌒et demie.
2) Les‿arbres⌒à droite sont‿immenses⌒et feuillus.
3) C'est‿une bonne⌒idée.
4) Notre oncle habite⌒à Lyon.
5) J'adore⌒étudier, mais ça me fatigue⌒énormément.
6) Les nouveaux‿étudiants arrivent⌒à l'école dans‿une⌒heure.
7) Nous‿allons chez‿une⌒amie cette⌒après-midi.

Société 社会

1-1　Le travail (1)

Vocabulaire 🎧011

en règle générale　一般的に、たいていは	loin de + 動　〜するところではない
la priorité　優先	il me tarde de + 動　〜が待ちきれない
afin de + 動　〜するために	profiter de　〜を利用する、楽しむ
employeur　雇用者	employé　従業員
conflictuel　対決的な	de plus　しかも（= en plus）
tendre à + 動　〜の傾向がある	docile　従順な
hésiter à + 動　〜することをためらう	un patron　上司
amener à + 動／名　〜に至る	une dispute　喧嘩
une animosité　敵意	le lieu de travail　職場
impensable　考えられない	des heures supplémentaires　残業
rémunérer　報酬を与える	mériter　〜に値する
payer au lance-pierre　ぱちんこ（飛び道具）で払う＝わずかな金しか払わない	

Écouter

音声を聞いて、内容に最も合うものを下から選びましょう。

1) 一般的に、雇用者と従業員は仲がいい。
2) フランス人は仕事を優先する。
3) フランス人は雇用主に従順ではない。
4) フランス人はサービス残業してもいいと思っている。

Prononciation

リエゾンする箇所には ‿ を、アンシェヌマンする箇所には ⌒ を書きましょう。

en règle générale, le travail est loin d'être la priorité

on n'hésite pas à dire ce qu'on pense à nos collègues

読まれた音声を、テクストで確認しましょう。（→和訳 p.133）

Vivement vendredi

　La relation des Français avec le travail⌢est très différente de celle des Japonais. En règle générale, le travail⌢est loin d'être la priorité. Il nous tarde toujours d'être le vendredi soir⌢afin de profiter du weekend. Aussi, les relations entre les‿employeurs et les‿employés sont beaucoup plus conflictuelles. De plus, on tend à être moins dociles que les Japonais. On n'hésite pas à dire ce qu'on pense⌢à nos collègues⌢et patrons, ce qui peut amener à des disputes⌢ou à une certaine⌢animosité sur le lieu de travail. Enfin, il⌢est‿impensable pour nous de faire des‿heures supplémentaires non rémunérées... Toute peine mérite salaire !

音声を聞いて、空欄をフランス語で埋めましょう。（→解答と和訳 p.133）

_____ _____ _____ sur le lieu _____ _____ , c'est _____

_____ pour ___ _____ des _____ .

1-2 Le travail (2)

Vocabulaire 〔015〕

la durée　時間、期間	le temps de travail　労働時間
rare　まれな	que l'on = qu'on
à part　〜以外	une profession　職業
vendeur　販売員	infirmier　看護師
se dépêcher de + 動　〜するように急ぐ	rarement　めったに〜ない
en effet　実際に	
accorder du temps à　〜に時間を割く	ainsi que　〜と（= et aussi）
même　〜でも	en semaine　平日に
se raconter　（お互いに）語り合う	discuter　しゃべる
de tout et de rien　わけもなく	
faire le pont　橋をわたす＝休日に挟まれた日を休みにする	
se tourner les pouces　親指を回す＝何もしないでいる	

Écouter 〔016〕〔017〕

音声を聞いて、内容に最も合うものを下から選びましょう。

1) 仕事が終わると、ゆっくり家に帰る。

2) 親と子どもたちは一緒に夕飯を食べる。

3) 静かに夜ごはんを食べる。

4) 夜ごはんを食べ終わるとすぐベッドに入る。

Prononciation

リエゾンする箇所には ‿ を、アンシェヌマンする箇所には ⌒ を書きましょう。

toute la famille mange ensemble, même en semaine

on regarde souvent un film à la télé

読まれた音声を、テクストで確認しましょう。(→和訳 p.133)

La famille avant le travail

La durée du temps de travail‿est en général de trente-cinq‿heures par semaine. Il‿est très rare que l'on travaille le weekend, à part les professions comme vendeurs‿et infirmiers. Quand la journée de travail‿est finie, on se dépêche de rentrer chez nous. On fait rarement des‿heures supplémentaires. En‿effet, on‿accorde beaucoup de temps à nos loisirs, ainsi qu'à notre famille. Ainsi, quand vient le soir, vers dix-neuf‿heures, vingt‿heures, toute la famille mange‿ensemble, même‿en semaine. On se raconte sa journée, on discute de tout et de rien. Après avoir mangé, on regarde souvent un film‿à la télé qui commence vers vingt‿et-une‿heures. Enfin, au dodo !

En plus 〔018〕

音声を聞いて、空欄をフランス語で埋めましょう。(→解答と和訳 p.133)

_____ _____ mon _____ _____ _____ me _____

au _____ - _____ .

Écouter 解答　2)

Vocabulaire

bienvenue　ようこそ
banal　　平凡な、ありきたりの
spacieux　広々とした、ゆったりした
le plus souvent　たいていの場合
épater　（いい印象で）びっくりさせる
un moyen　手段
(manger) à la bonne franquette　気取らずに（食べる）
avoir la dalle en pente　大酒飲みである

exister　存在する、ある
la plupart du temps　たいてい
inviter du monde　いろいろな人を誘う
recevoir du monde　人々を家に呼ぶ
un invité　お客さん
garder contact avec　交際を続ける

Écouter

音声を聞いて、内容に最も合うものを下から選びましょう。

1) フランス人はよく友達とレストランに行く。
2) フランス人は客をもてなすことが好きである。
3) フランスの家は日本のと同じくらい大きい。
4) フランス人はレストランに行くのが好きではない。

Prononciation

リエゾンする箇所には ⌣ を、アンシェヌマンする箇所には ⌒ を書きましょう。

on préfère donc inviter du monde à manger le weekend

d'épater les invités, mais c'est aussi un très bon moyen

Société　社会

1

2-1 Recevoir du monde (1)

読まれた音声を、テクストで確認しましょう。（→和訳 p.133）

Bienvenue chez nous !

Les_izakaya n'existent pas en France, et nous_allons beaucoup moins au restaurant avec les_amis qu'au Japon. Aller au restaurant n'est pas quelque chose de banal pour nous, et quand nous_y allons, c'est la plupart du temps en famille‿ou en couple. De plus, les maisons françaises sont_en général plus spacieuses que les japonaises. On préfère donc‿inviter du monde‿à manger le weekend, le plus souvent à partir de midi jusqu'à seize‿heures, dix-sept‿heures. C'est souvent l'occasion d'essayer de nouvelles recettes‿et d'épater les_invités, mais c'est_aussi un très bon moyen de garder contact‿avec les_amis et la famille.

En plus (022)

音声を聞いて、空欄をフランス語で埋めましょう。（→解答と和訳 p.133）

Je ___ _____ un apéro _____ de passer ___ _____ ?

2-2 Recevoir du monde (2)

Vocabulaire (023)

l'apéro （apéritif の略、話しことばで）食前酒
un repas 食事
un pastis パスティス
et j'en passe ほかにももっと話があるが省略する
une noix de cajou カシューナッツ
il est temps de + 動 〜する時間だ
un plat （皿に盛られた）料理
il est rare que（+ 接続法） 〜はまれだ
tchin-tchin 乾杯（グラスが当たるときの音）

lorsque 〜する時に
du vin cuit ヴァン・キュイ

passer à table 食卓へ移る
durer 続く

Écouter (024) (025)

音声を聞いて、内容に最も合うものを下から選びましょう。

1) 食事中は絶対にお酒を飲まない。
2) フランス人はビールが好きではない。
3) アペリティフは絶対に食卓で飲むべきだ。
4) 楽しくたくさんしゃべるので食事は長時間かかる。

Prononciation

リエゾンする箇所には ⌣ を、アンシェヌマンする箇所には ⌒ を書きましょう。

en attendant que le repas soit prêt, on commence souvent

par un apéritif

avec une entrée, un plat principal, le fromage et un dessert

読まれた音声を、テクストで確認しましょう。(→和訳 p.133)

C'est l'heure de l'apéro !

Lorsqu'on reçoit du monde, en‿attendant que le repas soit prêt, on commence souvent par‿un‿apéritif : on sert de l'alcool, comme du vin cuit, du pastis, et j'en passe. On mange‿aussi de petits gâteaux apéritifs, des noix de cajou, des‿olives, etc. L'apéritif n'est pas forcément servi sur la table‿à manger. Il peut‿être pris dehors, ou encore dans le salon. Ensuite, il‿est temps de passer à table, avec‿une‿entrée, un plat principal, le fromage‿et un dessert. Le dessert‿est souvent un gâteau ou une tarte faits maison le matin même. Pendant le repas, on boit de l'eau et du vin, mais jamais de bière !

On parle beaucoup et on mange lentement, donc‿il n'est pas rare que les repas durent plus de trois‿heures.

En plus　　🎧026

音声を聞いて、空欄をフランス語で埋めましょう。(→解答と和訳 p.134)

_____ on ____ _____ chez lui, ___ _____ la _____ du

_____ ___ ___ _____ franquette.

3-1　Les vacances (1)

Vocabulaire 🎧(027)

sec　乾いた	il fait jour　夜が明ける、日が出ている
permettre à A de +動　A に〜を許す	à fond　徹底的に
raffoler de　〜に目がない	bronzer　日焼けする
la peau　肌	un signe　印
attrayant　魅力的な	la plupart de　〜の多くは
prendre son temps　慌てず落ち着く	rompre avec　〜と別れる
le train-train quotidien　日常生活の習慣	se dépayser　気分転換をする
qui dit A dit B　A といえば B だ	une destination　旅先、目的地
incontournable　考慮せざる得ない	fuir　逃げる、逃れる
la chaleur　暑さ	doux　暖かい、穏やかな
prendre un coup de soleil　太陽の一発をくらう＝日焼けする（肌が赤くなる）	
blanc comme un cul　尻のように白い＝肌が真っ白	

Société 社会

1

3-1 Les vacances (1)

Écouter 🎧(028)(029)

音声を聞いて、内容に最も合うものを下から選びましょう。

1) フランス人は休暇をたっぷりとる。
2) フランス人はできるだけ日焼けするのを避ける。
3) フランス人はあまり休みをとらない。
4) フランス人はあまり海に行かない。

Prononciation

リエゾンする箇所には ⌣ を、アンシェヌマンする箇所には ⌢ を書きましょう。

deux semaines jusqu'à un mois de vacances en été

qui dit vacances d'été dit mer et plage

読まれた音声を、テクストで確認しましょう。（→和訳 p.134）

L'été, mon amour !

On‿adore l'été, notre saison préférée. Il fait beau et chaud, mais sec. Il fait aussi jour jusque tard le soir, vers vingt‿et-une heures trente, ce qui nous permet de profiter des journées à fond. Aussi, on raffole du soleil, et on veut bronzer. Avoir la peau bronzée est signe de bonne santé, et on trouve ça attrayant. Ainsi, la plupart des Français prennent de deux semaines jusqu'à un mois de vacances‿en‿été. On‿aime prendre notre temps, et cela permet en plus de rompre‿avec le train-train quotidien, et de se dépayser. Enfin, qui dit vacances d'été dit mer‿et plage ! L'Océan et la mer Méditerranée sont des destinations incontournables. Ceux qui veulent fuir la chaleur vont le plus souvent en Bretagne‿ou en Normandie, où l'été est doux, un peu comme Hokkaido.

音声を聞いて、空欄をフランス語で埋めましょう。（→解答と和訳 p.134）

_____ je _____ _____ du ski, ___ _____ aussi des _____ de

_____ en _____ .

Écouter 解答　1)

3-2　Les vacances (2)

Vocabulaire　(031)

plutôt que　～より
abordable　手ごろな
complet　全部そろった
planter une tente　テントを立てる
un bungalow　バンガロー
donner sur　～に面している
notamment　中でも、とりわけ
se la couler douce　何もしないで気楽 [平穏] に暮らす

privilégier　～を特別扱いする、好む
pratique　便利な
emplacement　場所、スペース
garer　駐車する
compris　～が付いている、～付きの
terrain　土地、～場

Écouter　(032) (033)

音声を聞いて、内容に最も合うものを下から選びましょう。

　1) キャンプに行く人はお金がない人だけである。
　2) キャンプではいろいろな人に出会えて楽しい。
　3) キャンプはホテルよりよくない
　4) キャンプは海にしかない。

Prononciation

リエゾンする箇所には ‿ を、アンシェヌマンする箇所には ⌢ を書きましょう。

　quand on part en famille ou même entre amis

　les campings aussi peuvent avoir des étoiles

読まれた音声を、テクストで確認しましょう。(→和訳 p.134)

Le camping

Plutôt que les‿hôtels, quand‿on part͡en famille͡ou même͡entre͡amis, on privilégie souvent le camping. Il͡y en‿a beaucoup en France, le prix est‿abordable, et c'est très pratique͡et complet. En général, on‿a le choix entre͡un‿emplacement pour planter sa tente͡ou garer son camping-car, ou bien des bungalows avec cuisine͡et salle de bain comprises. Tout comme les‿hôtels, les campings͡aussi peuvent͡avoir des‿étoiles selon leur situation et les services qu'ils proposent. Ainsi, certains donnent directement sur la mer. Vous pourrez aussi profiter de terrains de tennis, de la piscine, ou encore d'un mini-golf ! Les campings sont comme͡un petit village. On fait plein de connaissances, on discute͡avec nos voisins... Il͡y a aussi souvent des soirées organisées par le camping. C'est notamment l'occasion pour les jeunes de rencontrer leur͡amour d'été...

En plus　　　(034)

音声を聞いて、空欄をフランス語で埋めましょう。(→解答と和訳 p.134)

C'est ＿＿＿＿＿＿ trois ＿＿＿＿＿ qui ＿＿＿＿ directement ＿＿＿＿

＿＿ ＿＿＿＿＿ !

4-1　L'école (1)

Vocabulaire 035

scolaire　学校の	soit 〜 soit 〜　〜か〜か
demi-pensionnaire　昼食を学校で食べる生徒	la cantine　食堂
externe　昼食を家で食べる生徒	
la pause déjeuner　昼休み	dehors　外
à la dernière minute　最後の瞬間に	extrascolaire　校外の
s'inscrire　加入する	en plus de　〜に加えて
la chance　ラッキー	
sécher un cours　授業をさぼる	

Écouter　036 037

音声を聞いて、内容に最も合うものを下から選びましょう。

1) フランスの学生は夏休み以外に一年に 7 週間の休みがある。

2) フランスの学生はみんな部活をやっている。

3) フランスの学生は大体学校に属していないクラブに加入する。

4) フランスの学生は自分で弁当をつくる。

Prononciation

リエゾンする箇所には ‿ を、アンシェヌマンする箇所には ⌒ を書きましょう。

soit on est externe et on rentre chez soi

si vous êtes comme moi, vous allez vous amuser dehors

読まれた音声を、テクストで確認しましょう。(→和訳 p.134)

Le système éducatif en France

L'année scolaire commence début septembre pour finir fin juin. Les journées à l'école sont plus longues qu'au Japon. Le midi, il n'y a pas de bento, et on ne mange surtout pas dans la salle de classe. Soit on‿est demi-pensionnaire‿et on mange‿à la cantine de l'école, soit on‿est externe‿et on rentre chez soi le temps de la pause déjeuner. Ensuite, *le juku* et *le bukatsu* n'existent pas en France. Après l'école, on rentre directement chez nous et on fait nos devoirs (ou bien, si vous‿êtes comme moi, vous‿allez vous‿amuser dehors‿avec les‿enfants du quartier, et vous ferez vos devoirs‿à la dernière minute !). Si l'on veut faire des‿activités extrascolaires, comme‿apprendre‿un instrument de musique, ou faire du sport, on doit s'inscrire dans‿un club‿à l'extérieur de l'école. Enfin, nous‿avons beaucoup de vacances ! En plus des deux mois en‿été, juillet et août, on‿a environ sept semaines de vacances ! La chance, hein ?

En plus   🎧038

音声を聞いて、空欄をフランス語で埋めましょう。(→解答と和訳 p.135)

_____ _____ la _____ _____ pour _____ mes _____ .

Écouter 解答   1)

4-2 L'école (2)

Vocabulaire

gratuit 無料の	compétitif 競争的な
redoubler 留年する	niveau 水準、レベル
suffisant 十分な	
passer à l'année supérieure 進級する	
baccalauréat バカロレア資格（試験）	
sans doute おそらく、多分	la scolarité 就学
contrairement à ～と反対に	un examen d'entrée 入学試験
pratiquement ほぼ	

Écouter 〔040〕〔041〕

音声を聞いて、内容に最も合うものを下から選びましょう。

1) フランスの大学に入るのは簡単なことではない。
2) フランスのバカロレアは簡単である。
3) フランス人は留年しない。
4) フランスの大学は進級することが難しい。

Prononciation

リエゾンする箇所には ‿ を、アンシェヌマンする箇所には ⌒ を書きましょう。

à la fin de la dernière année du lycée

des étudiants de première année passent en deuxième année

1

4-2 L'école (2)

読まれた音声を、テクストで確認しましょう。(→和訳 p.135)

L'université

L'école‿est gratuite‿et moins compétitive qu'au Japon. Il n'est pas rare que des‿élèves redoublent s'ils n'ont pas le niveau suffisant pour passer à l'année supérieure. À la fin de la dernière‿année du lycée, on passe le baccalauréat, sans doute l'examen le plus‿important de notre scolarité. Si on le réussit, on peut rentrer à l'université. Contrairement au Japon, il n'y a donc pas d'examen d'entrée. De plus, les‿universités sont pratiquement gratuites, et ont presque toutes le même niveau. Ainsi, il n'est pas très difficile de rentrer à la fac, mais il‿est difficile d'y rester ! Seuls 40 pourcents des‿étudiants de première‿année passent‿en deuxième‿année... !

En plus 🎧042

音声を聞いて、空欄をフランス語で埋めましょう。(→解答と和訳 p.135)

_____ _____ _____ le baccalauréat _____ ___ _____ _____ et

entrer à l'université _____ _____ .

5-1 Les mangas (1)

Vocabulaire

un marché　市場	vrai　本当の、本物の
un boom　急上昇、ブーム	une génération　世代
culte　カルト的な、熱狂的人気の	tel que　～のような、とても～なので
Les chevaliers du zodiaque　聖闘士星矢	
Olive et Tom　キャプテン翼	Nicky Larson　シティーハンター
nippon(ne)　日本の	à la différence que ～　ただ～が違う
un auteur　作家	se dérouler　行われる
un salon　フェア	avoir lieu　行われる
faire un carton　大当たりをとる	si 形 que ～　とても 形 なので～

Écouter

音声を聞いて、内容に最も合うものを下から選びましょう。

1) フランス人は漫画に詳しくない。
2) フランスは日本の次に漫画が大好きな国である。
3) フランスには「オタク」がいない。
4) フランスには漫画がない。

Prononciation

リエゾンする箇所には ‿ を、アンシェヌマンする箇所には ⌒ を書きましょう。

tout a commencé à la télé petit à petit dans les années

chaque année depuis 1999 se déroule à Paris la Japan Expo

読まれた音声を、テクストで確認しましょう。(→和訳 p.135)

La France et les mangas

La France est‿aujourd'hui le deuxième marché de manga du monde, après le Japon et devant les‿États‿Unis ! Tout‿a commencé à la télé petit‿à petit dans les‿années 70 et 80. Mais le vrai boom͡a été dans les‿années 90. Toute͡une génération a ainsi grandi en regardant des dessins animés japonais cultes tels que *Dragon Ball*, *Les chevaliers du Zodiaque*, *Olive͡et Tom*, ou encore *Nicky Larson* ! L'impact de la culture nipponne͡est si fort qu'il͡existe maintenant des « Manfras ». C'est la même chose que les mangas japonais, à la différence que les‿auteurs sont français. Aussi, chaque͡année depuis 1999 se déroule͡à Paris la Japan Expo, salon ayant pour thème la culture japonaise, plus précisément les mangas et les jeux vidéo. Encore͡une fois, le succès est tel que ce genre de salon a aussi lieu dans d'autres villes͡un peu partout en France.

En plus　🎧046

音声を聞いて、空欄をフランス語で埋めましょう。(→解答と和訳 p.135)

Ce ＿＿＿＿ ＿＿ ＿＿＿＿ ＿＿ ＿＿＿＿＿ quand ＿＿ ＿＿＿＿

＿＿＿＿ .

Écouter 解答　2)

5-2 Les mangas (2)

Vocabulaire

découvrir 発見する	à travers ～を通じて
populaire 人気の	apprécié 好まれている
auprès de ～に対して、の間で	fasciner ～を魅惑する
se familiariser avec ～に慣れる、親しくなる	
complémentaire 補完的な	fondamentalement 根本的に
le pays du soleil levant 日出ずる国（＝日本）	
impressionner 強い印象を与える	la propreté 清潔
la facilité d'utilisation 使いやすさ	la politesse 礼儀
l'amabilité 親切	un contraste 対照、対比
dépayser 新鮮な気持ちにする	émerveiller 感嘆させる
Respect ! （間投詞的に）すばらしい！	

Écouter (048) (049)

音声を聞いて、内容に最も合うものを下から選びましょう。

1) 最近日本はフランスでは人気ではない。

2) フランス文化と日本文化は似ている。

3) フランス人は日本は治安が悪いと思っている。

4) フランス人は日本の漫画を通して日本文化に親しんできた。

Prononciation

リエゾンする箇所には ‿ を、アンシェヌマンする箇所には ⌢ を書きましょう。

lorsqu'ils viennent au Japon, ils sont toujours impressionnés

ce contraste avec l'Hexagone dépayse énormément

読まれた音声を、テクストで確認しましょう。（→和訳 p.135）

Les Français et le Japon

　　Découvert principalement à travers les mangas, le Japon est devenu ces dernières‿années un pays très populaire‿et apprécié, particulièrement auprès des jeunes. De plus‿en plus d'étudiants étudient le japonais à l'université, langue‿et culture qui les fascinent et avec lesquelles‿ils‿ont pu se familiariser en regardant leurs mangas préférés. Même si les deux pays ont‿une culture fondamentalement différente, elles sont très complémentaires, et les Français ont beaucoup de respect pour le pays du soleil levant. Lorsqu'ils viennent‿au Japon, ils sont toujours‿impressionnés par la propreté ainsi que la facilité d'utilisation des transports‿en commun, la politesse, l'amabilité des‿employés dans les magasins, ou encore le sentiment de sécurité, jour‿et nuit. Ce contraste‿avec l'Hexagone dépayse‿énormément, et les Français rentrent toujours‿émerveillés de leur voyage.

音声を聞いて、空欄をフランス語で埋めましょう。（→解答と和訳 p.135）

____ _____ de __ _____ _____ m'_____ !

_____ !

Écouter 解答　　4)

1-1 Le pain (a)doré (1)

Vocabulaire (051)

un repas	食事	couper en deux	2つに切る
tartiner	〜を塗る	tremper	〜を浸す
essayer	試す	le midi	お昼
se servir de	〜を使う	pousser	〜を押す
un aliment	食べ物	une fourchette	フォーク
garder	〜を取っておく	raffoler de	〜に目がない
le croûton	長いパンの端	croustiller	かりかり音を立てる

gagne-pain パンを稼ぐ＝お金を稼ぐための物事のこと

pour une bouchée de pain パンのかけらの値段で＝とても安く、ほぼただで

Écouter (052) (053)

音声を聞いて、内容に最も合うものを下から選びましょう。

1) フランス人は変わっているからパンをコーヒーに浸す。

2) パンはいろいろな食べ方があって、おかずを載せるのにも便利だ。

3) チーズがなかったらパンを食べない。

4) 太るから夜中にパンを食べることを避ける。

Prononciation

リエゾンする箇所には ‿ を、アンシェヌマンする箇所には ⌢ を書きましょう。

le matin, on le coupe en deux et on le tartine avec du beurre

on en garde un peu pour le fromage à la fin du repas

読まれた音声を、テクストで確認しましょう。（→和訳 p.136）

Le pain à toutes les sauces

En France, le pain est très, très‿important. On‿en mange‿à tous les repas. Le matin, on le coupe‿en deux et on le tartine‿avec du beurre, de la confiture, ou de la pâte‿à tartiner. Ensuite… on le trempe dans notre bol de café ! Oui, on‿adore tremper le pain ou les biscuits dans le café, le chocolat chaud, etc… C'est bizarre ? Peut‿être… mais qu'est-ce que c'est bon ! Vous aussi, essayez ! Le midi et le soir, on s'en sert pour pousser les‿aliments sur la fourchette, c'est super pratique ! Puis bien sûr, on‿en garde‿un peu pour le fromage‿à la fin du repas. Enfin, les Français raffolent du croûton ! Ça croustille !

En plus　　054

音声を聞いて、空欄をフランス語で埋めましょう。（→解答と和訳 p.136）

J' _____ _____ _____ vélo en occasion _____ _____ _____

_____ _____ .

Écouter 解答　2)

34

Vocabulaire　(055)

d'une manière générale　一般に	d'un seul coup d'œil　一目で
notamment　中でも、特に	grâce à　～のおかげで
une croûte　パンの皮	doré　金色の
vif / vive　色が目立つ、鮮やかな	terne　(色が)薄い、くすんだ
être bon signe　いい気配である	irrégulier　不規則な
artisanal　手づくりの	cependant　しかし
moelleux　やわらかい	une mie　パンの身
élastique　弾力性がある	un sillon　バゲットの畝
même si　たとえ～しても	un ingrédient　材料
demander　求める	une fermentation　発酵
ça se vend comme des petits pains　小さなパンのように売れる＝すぐに売り切れる	

Nourriture　食生活

2

1-2 Le pain (a)doré (2)

Écouter　(056) (057)

音声を聞いて、内容に最も合うものを下から選びましょう。

1) 質のいいパンは、皮の色が金色で派手で、やわらかい。
2) 質のいいパンは、皮の色が金色で派手で、パリっとしている。
3) 質のいいパンは、皮の色が白くて地味で、やわらかい。
4) 質のいいパンは、皮の色が白くて地味で、パリっとしている。

Prononciation

リエゾンする箇所には⌣を、アンシェヌマンする箇所には⌢を書きましょう。

si elle est blanche ou terne, ce n'est pas bon signe

les sillons doivent être bien ouverts

読まれた音声を、テクストで確認しましょう。(→和訳 p.136)

Le bon pain, c'est quoi ?

D'une manière générale, les Français peuvent savoir d'un seul coup d'œil si un pain est bon ou pas, notamment grâce‿à sa couleur. La croûte doit‿être dorée, aux couleurs vives. Si elle‿est blanche‿ou terne, ce n'est pas bon signe. Elle doit aussi croustiller, et plus‿elle‿est‿irrégulière, plus il‿y a de chances que le pain soit‿artisanal. Cependant, le pain doit être moelleux, avec‿une mie aérée et élastique. Les sillons doivent‿être bien‿ouverts. Même s'il n'y a que trois‿ingrédients dans le pain : l'eau, la farine‿et le sel, faire du bon pain demande de la technique‿et du temps de fermentation, environ vingt-quatre‿heures.

音声を聞いて、空欄をフランス語で埋めましょう。(→解答と和訳 p.136)

Son _____ est _____ _____ , donc _____ y

_____ très attention.

Vocabulaire　🎧059

l'eau plate　（炭酸の入っていない）普通の水
l'eau pétillante　炭酸水
une larme　涙
ajouter　〜を加える
plus 〜 plus...　〜すればするほど…
selon　〜によって
la grenadine　グレナディン（ザクロ）シロップ
désaltérer　渇きをいやす
tous les goûts sont dans la nature　十人十色

fade　味のない、まずい
pétiller　泡立つ
rafraîchissant　さわやかな
fruité　果物の味がする
ajuster　調整する

à tout heure　いつでも

Écouter　🎧060 🎧061

音声を聞いて、内容に最も合うものを下から選びましょう。

1) シロップは炭酸水だけに加える。
2) シロップは朝にはあまり飲まない。
3) 子どもしかシロップを飲まない。
4) シロップの味は3つしかない。

Prononciation

リエゾンする箇所には‿を、アンシェヌマンする箇所には⌢を書きましょう。

ça pétille tellement qu'on a la larme à l'œil

on en boit à toute heure, à part au petit déjeuner

読まれた音声を、テクストで確認しましょう。（→和訳 p.136）

Du goût et de la couleur

Pour beaucoup de Français, l'eau plate‿est fade. Ça n'a pas de goût. On boit donc souvent de l'eau pétillante. Parfois, ça pétille tellement qu'on‿a la larme‿à l'œil après avoir bu ! Mais qu'est-ce que c'est rafraîchissant ! On‿ajoute‿aussi quelques fois du sirop afin d'ajouter un goût fruité. Plus vous‿en mettez, plus ce sera sucré. Vous pouvez ajuster selon vos goûts.

Il‿en‿existe de très nombreuses sortes, les plus communs étant le sirop à la fraise, à la grenadine, et à la menthe. L'été, un bon verre frais de sirop vous désaltérera pour votre plus grand plaisir ! On‿en boit à toute‿heure, à part‿au petit déjeuner où l'on préférera boire du jus de fruit.

En plus　🎧062

音声を聞いて、空欄をフランス語で埋めましょう。（→解答と和訳 p.136）

J'___ _____ la _____ ___ _____ quand ___ bois _____

_____ _____ .

2-2 Le bio

Vocabulaire 🎧063

le biologique	オーガニック（有機）製品	un essor	飛躍、発展
se multiplier	増える、増加する	donner une idée	思い描かせる
consommer	〜を消費する、消費者として楽しむ	un additif	添加物
sainement	健康的に	éviter	〜を避ける
industriel	工業生産の	une vache	雌牛
végétal	植物性の	de même (pour)	〜と同様に
à base de	〜をベースにした	une brebis	雌羊
une chèvre	ヤギ		
devenir chèvre	ヤギになる＝ひどくいらいらする		

Écouter 🎧064 🎧065

音声を聞いて、内容に最も合うものを下から選びましょう。

1) フランス人はオーガニック食品は高いからあまり買わない。

2) フランス人がオーガニックにこだわるのはカッコいいからである。

3) オーガニック食品はあまりおいしくない。

4) 加工食品をできるだけ避けたいと思っている人も多い。

Prononciation

リエゾンする箇所には ‿ を、アンシェヌマンする箇所には ⌒ を書きましょう。

connaît un fort essor ces dernières années

on fait de plus en plus attention à ce qu'on mange

読まれた音声を、テクストで確認しましょう。（→和訳 p.136）

Le bio, c'est beau.

Le biologique connaît un fort‿essor ces dernières‿années en France. Les magasins spécialisés dans le bio se sont multipliés, et on‿en trouve‿un peu partout aujourd'hui. Pour vous donner une‿idée, les Français consomment‿environ huit fois plus de produits biologiques que les Japonais ! On fait de plus‿en plus‿attention à ce qu'on mange, ainsi qu'aux‿additifs. On préfère payer un peu plus cher pour manger plus sainement et éviter les produits industriels. De plus, le bio a souvent un meilleur goût, plus naturel. Ensuite, à la place du lait de vache, on boit de plus‿en plus de lait végétal comme le lait d'amande. De même pour les yaourts, de plus‿en plus sont‿à base de lait de brebis, ou encore de chèvre, qui sont meilleurs pour la santé, surtout parce qu'ils sont moins gras.

　🎧 066

音声を聞いて、空欄をフランス語で埋めましょう。（→解答と和訳 p.137）

_____ je _____ _____ _____ additifs qu'il __ __ _____ ce

_____ , je _____ _____ !

Écouter 解答　　4)

40

3-1 Les produits laitiers (1)

Vocabulaire 〔067〕

un rayon	売り場	les produits laitiers	乳製品
essentiel	必要不可欠な、極めて重要な	que dis-je	それどころか
consommer	消費する	vital	生命維持に不可欠な
quotidiennement	毎日、日常的に	tout d'abord	最初に
aussi bien	〜と同じく	fortement	強く
explorer	〜を探検する	une variété	種類

un liégeois　クリームをのせたチョコレート（コーヒー）ヨーグルト

une faisselle　フェセル　　　　　les papilles　味蕾

ne pas être au bout de ses surprises　驚くことがまだある

être soupe au lait　牛乳のスープだ＝すぐ怒る

Écouter 〔068〕〔069〕

音声を聞いて、内容に最も合うものを下から選びましょう。

1) フランス人はバターなしに生きられない。

2) ヨーグルトは朝だけに食べる。

3) フランスはヨーグルトの種類が限られている。

4) ヨーグルトの原料には牛乳しか使わない。

Prononciation

リエゾンする箇所には ⌣ を、アンシェヌマンする箇所には ⌢ を書きましょう。

car on y trouve beaucoup de produits

on en mange aussi bien au petit déjeuner

読まれた音声を、テクストで確認しましょう。(→和訳 p.137)

Les yaourts

Vous‿êtes déjà allé au rayon des produits laitiers en France ? Ce rayon est‿essentiel — que dis-je, vital ! — pour les Français car͡on‿y trouve beaucoup de produits consommés quotidiennement, comme le lait, le fromage, le beurre...

Mais tout d'abord, les yaourts. On‿en mange͡aussi bien au petit déjeuner qu'à midi et le soir. Il͡y en‿a pour tous les goûts. Je vous‿invite donc fortement à explorer les nombreuses variétés de yaourts, et vous découvrirez plein de bonnes choses. Entre liégeois, faisselle, mousse͡au marron, et yaourt͡au lait de brebis, vous ne serez pas au bout de vos surprises ! Un véritable voyage pour les papilles.

En plus　　　(070)

音声を聞いて、空欄をフランス語で埋めましょう。(→解答と和訳 p.137)

_____ _____ _____ au _____ des produits _____

_____ _____ je _____ allergique au _____ .

3-2 Les produits laitiers (2)

Vocabulaire

puer 臭う	**melangé** 混合された
crémeux 乳脂を多く含む	**fromage à pâte dure** ハードチーズ
fromage à pâte molle 軟質チーズ	**nécessiter** 〜を必要とする
un affinage 熟成	**une spécialité** 名物
une fromagerie チーズ製造所	**un producteur** 生産者
introuvable 発見できない、見つからない	
une grande surface スーパーマーケット	
faire un fromage de 〜 〜をチーズにする＝〜を誇張する	

Écouter

音声を聞いて、内容に最も合うものを下から選びましょう。

1) 普段チーズを朝には食べない。
2) 全てのチーズは熟成が必要である。
3) チーズを食べてから恋人にキスすべきではない。
4) フランスのチーズはバラのような匂いがする。

Prononciation

リエゾンする箇所には ‿ を、アンシェヌマンする箇所には ⌒ を書きましょう。

beaucoup d'entre eux nécessitent une période d'affinage

on en mange à midi et le soir, avec ou sans pain, et souvent avec un verre de vin rouge

読まれた音声を、テクストで確認しましょう。(→和訳 p.137)

Ça pue, mais c'est bon !

Il⌢existe plus de 400 variétés de fromages ! Fromages⌢au lait de vache, de brebis, de chèvre, ou encore⌢aux laits mélangés. Ils peuvent⌢être crémeux, ou à pâte dure, ou molle. Certains sentent très fort (vraiment très très fort...) et d'autres sont très doux. Mais beaucoup d'entre⌢eux nécessitent⌢une période d'affinage. En général, on‿en mange⌢à midi et le soir, avec⌢ou sans pain, et souvent avec⌢un verre de vin rouge. Beaucoup de régions ont leur spécialité de fromage. Lorsque vous voyagerez en France, n'hésitez pas à visiter de petites fromageries. Vous pourrez alors⌢acheter directement chez le producteur du fromage⌢introuvable⌢en grande surface. Aussi, faites⌢un bisou à votre femme⌢ou mari après avoir mangé du fromage qui sent fort... Si elle ou il⌢accepte votre bisou, c'est qu'elle ou il vous‿aime vraiment !

音声を聞いて、空欄をフランス語で埋めましょう。(→解答と和訳 p.137)

_____ ___ _____ d'en _____ ___ _____ !

Écouter 解答 　1)

Vocabulaire 🎧 075

sacré　神聖な、極めて重要な

salé　塩味の

exactement　正確に

varier　変化する、異なる

des pépites　チップ、粒

accompagner　〜を伴う

sauter　（食事を）抜く

sachez-le　知ってください

des biscottes　ビスコット

nature　具や味付けのない、プレーンの

du pain de mie　食パン

Écouter 🎧 076 🎧 077

音声を聞いて、内容に最も合うものを下から選びましょう。

1) フランスでは朝食にもワインを飲む。

2) フランス人は朝は甘いものは食べない。

3) 大人はホットココアを飲まない。

4) フランス人は食パンより、ブリオッシュを食べる。

Prononciation

リエゾンする箇所には ‿ を、アンシェヌマンする箇所には ⌢ を書きましょう。

qu'on tartine avec de la pâte à tartiner

dont il existe énormément de variétés

読まれた音声を、テクストで確認しましょう。(→和訳 p.137)

Pour bien commencer la journée

En France, le petit déjeuner est sacré. On ne le saute jamais ! Puis, sachez-le, on ne mange jamais salé le matin, toujours sucré ! Mais en fait, qu'est-ce qu'on mange‿exactement ?

Adulte, on mange‿en général du pain ou des biscottes qu'on tartine‿avec de la pâte‿à tartiner, ou bien de la confiture, dont‿il‿existe‿énormément de variétés. On peut varier avec de la brioche nature‿ou aux pépites de chocolat, des croissants... Cependant, contrairement à ce que l'on peut croire, on ne mange presque jamais de pain de mie... Enfin, on‿accompagne ça avec du café ou du thé chaud, et parfois un jus de fruit.

En plus ⟨078⟩

音声を聞いて、空欄をフランス語で埋めましょう。(→解答と和訳 p.138)

Si je _____ _____ _____ _____ , je _____ _____ _____

d'énergie pour _____ _____ _____ .

Écouter 解答 4)

4-2　Le petit déjeuner (2)

Vocabulaire 〔079〕

des céréales　シリアル
renouveler　更新する
une chocolatine（パン・オ・ショコラ（南西部の呼び方）
le goûter　午後のおやつ
une grandeur　大きさ
c'est du gâteau !　ケーキだ＝超簡単だ
c'est pas de la tarte　タルトではない＝簡単ではない

fréquemment　頻繁に

la plupart du temps　たいてい

Écouter 〔080〕〔081〕

音声を聞いて、内容に最も合うものを下から選びましょう。

1) ビスケットは朝ごはんだけに食べる。
2) 子どもだけがシリアルを食べる。
3) 大人でもよく午後のおやつを食べる。
4) ビスケットの種類は少ない。

Prononciation

リエゾンする箇所には ‿ を、アンシェヌマンする箇所には ⌢ を書きましょう。

il en existe de très nombreuses sortes

aussi bien lorsqu'on est enfant qu'adulte

読まれた音声を、テクストで確認しましょう。(→和訳 p.138)

Les céréales

Enfant, on mange le plus souvent des céréales. Il⁀en existe de très nombreuses sortes, qui sont fréquemment renouvelées. On peut aussi manger des gâteaux pour le petit déjeuner, des chocolatines, du pain, de la brioche, des fruits, des yaourts, et j'en passe. Avec ça, on boit du chocolat chaud, souvent accompagné d'un jus de fruit.

Ensuite, vers quinze-seize⁀heures, aussi bien lorsqu'on‿est enfant qu'adulte, on mange le goûter. Il s'agit la plupart du temps de petits gâteaux, et il⁀y en‿a pour tous les goûts. Si vous n'êtes jamais allé dans‿un rayon biscuit dans‿un magasin français, vous serez surpris par sa grandeur, je pense !

En plus 🎧 082

音声を聞いて、空欄をフランス語で埋めましょう。(→解答と和訳 p.138)

J'ai _____ _____ _____ _____ _____ _____ _____

_____ . Tu en veux ?

Vocabulaire 〔083〕

il est coutume de [動 / que 〜] 〜する慣習である

participer à 〜に参加する

se tenir bien 姿勢をよくする

ainsi そのように

vérifier 〜を確認する

sortir de table 食卓を離れる

gronder 〜を叱る

les légumes 野菜

débarrasser la table 食卓をかたづける

avoir un appétit de loup / d'oiseau 狼／鳥の食欲を持つ
=猛烈な食欲がある／小食である

mettre la table 食卓を整える

visible 見える

bizarre 変な、おかしい

l'autorisation 許可

simplement 単に

tant que 〜限り

les épinards ほうれん草

Écouter 〔084〕〔085〕

音声を聞いて、内容に最も合うものを下から選びましょう。

1) マナーとしてみんなに料理が出されたら食べ始める。

2) 子供だけが食卓を整える。

3) 子供はいつでも食卓を離れてもいい。

4) 無理に子供に野菜を食べさせることがある。

Prononciation

リエゾンする箇所には ‿ を、アンシェヌマンする箇所には ⌢ を書きましょう。

tout le monde participe à mettre la table, surtout les enfants

vous ne faites rien de bizarre avec vos mains

読まれた音声を、テキストで確認しましょう。（→和訳 p.138）

À table !

Quand vient l'heure de manger, il‿est coutume que tout le monde participe‿à mettre la table, surtout les‿enfants. Lorsqu'on‿est à table, il faut bien se tenir, et avoir les mains visibles. Ainsi, on sait que vous ne faites rien de bizarre‿avec vos mains. Avant de commencer à manger, il faut vérifier que tout le monde est bien servi, et ne pas oublier de dire « bon‿appétit ». Quand les‿enfants ont fini de manger, ils doivent demander l'autorisation pour sortir de table, simplement en disant « Je peux sortir de table ? ». Ils doivent‿aussi aider à débarrasser la table. Il n'est pas rare d'entendre les parents gronder les‿enfants en disant : « Tu ne sors pas de table tant que tu n'as pas fini tes légumes ! » ... Souvent des brocolis ou des‿épinards !

En plus

音声を聞いて、空欄をフランス語で埋めましょう。（→解答と和訳 p.138）

Tu _____ _____ _____ quand ___ _____ _____

tes légumes !

Écouter 解答   1)

Vocabulaire 〔087〕

faire attention à 〜に気を付ける	la bouche 口
faire du bruit 音を立てる	couper l'appétit 食欲をなくさせる
avoir du mal 苦労する、苦痛である	se sentir mal à l'aise 気詰まりである
bruyant 騒がしい	autre chose 他に、他なもの、ところで
à l'envers 裏返し	malpoli 無礼な、失礼な
une superstition 迷信	porter malheur 不幸をもたらす
bien élevé 行儀がいい	il vaut mieux 〜したほうがいい
éviter + 動 〜することを避ける	roter げっぷをする
péter おならをする	se retenir 我慢する
toujours とにかく	accuser 〜を責める、非難する
avoir une dent contre [人] 〜に対して歯を持つ＝〜に恨みを抱く	

Écouter 〔088〕〔089〕

音声を聞いて、内容に最も合うものを下から選びましょう。

1) 食事中におならしても構わない。

2) パンをテーブルに置いてはいけない。

3) 口を開けたまま食べてはいけない。

4) 食事中に話してはいけない。

Prononciation

リエゾンする箇所には ‿ を、アンシェヌマンする箇所には ⌒ を書きましょう。

il est très important de faire attention

vous pouvez toujours accuser le voisin

読まれた音声を、テクストで確認しましょう。(→和訳 p.138)

En silence, s'il vous plaît !

Il^est très‿important de faire^attention à manger la bouche fermée, et de ne pas faire de bruit en mangeant. Cela coupe l'appétit des Français ! Cela fait huit^ans que j'habite^au Japon, mais j'ai toujours du mal quand j'entends des Japonais manger des Ramen. Je me sens mal^à l'aise parce que c'est très bruyant ! Autre chose : il ne faut pas mettre le pain à l'envers sur la table, c'est malpoli. Et pour ceux qui croient aux superstitions, ça porte malheur ! Enfin, si vous‿êtes bien‿élevé, il vaut mieux éviter de roter ou de péter... Si jamais vous n'arrivez pas à vous retenir, vous pouvez toujours^accuser le voisin ou le chien.

En plus 🎧 090

音声を聞いて、空欄をフランス語で埋めましょう。(→解答と和訳 p.138)

_____ ____ _____ en _____ ! Tu me _____

_____ !

Écouter 解答 3)

52

1-1 La Corse (1)

Vocabulaire

autrefois 昔	occuper ～を占領する
à peu près 約、およそ	la moitié 半分
être situé 位置する	la mer méditerranée 地中海
le lieu de naissance 出生地	avoir accès à ～にアクセスする
la traversée （海や河を）渡ること	un ferry フェリー
officiel 正式な	régional 地域的な
proche 近い（よく抽象的な意味で使う）	un dialecte 方言
un accent なまり	corse コルシカの
rappeler ～を思い出させる	se corser 込み入っている

Écouter

音声を聞いて、内容に最も合うものを下から選びましょう。

1) コルシカではイタリア語を話す。

2) コルシカ語はイタリア語に似ている。

3) コルシカは四国と同じぐらいの大きさである。

4) フェリーで行くには1時間半ぐらいかかる。

Prononciation

リエゾンする箇所には ‿ を、アンシェヌマンする箇所には ⌒ を書きましょう。

environ une heure et demie

mais on y parle aussi la langue régionale

読まれた音声を、テクストで確認しましょう。(→和訳 p.139)

L'Histoire de l'île

Autrefois occupée par les Italiens, la Corse‿est‿aujourd'hui une‿île française. Grande comme‿à peu près la moitié de Shikoku, elle‿est située dans la mer Méditerranée, à environ deux cents kilomètres de Nice. Au Japon, elle‿est surtout connue pour‿être le lieu de naissance de Napoléon Bonaparte‿à Ajaccio en 1769. On‿y a facilement accès en‿avion, qui prend seulement environ une‿heure‿et demie de Paris. Cependant, si vous‿êtes déjà dans le sud de la France, la traversée en ferry de nuit à partir de Nice‿ou encore de Toulon est‿aussi très‿agréable. La langue‿officielle‿est le français, mais on‿y parle‿aussi la langue régionale, le corse. Très proche des dialectes d'Italie centrale, l'accent corse, même quand‿ils parlent français, rappelle souvent l'accent italien.

音声を聞いて、空欄をフランス語で埋めましょう。(→解答と和訳 p.139)

_____ ___ _____ , les choses _____ _____ à ___ _____

Écouter 解答   2)

1-2　La Corse (2)

Vocabulaire

une destination　目的地、旅先	et pour cause　それも当然だ
surnommer　〜にあだ名をつける	offrir　〜を提供する、贈る
un paysage　景色	splendide　壮麗な、すばらしい
une variété　多様性、品種	une plage　ビーチ、浜辺
du sable　砂	turquoise　トルコ石色の
entourer　〜を囲む	préserver　〜を保護する
en passant par　〜および	un lac　池
le maquis　マキ (コルシカ島の灌木)	s'ennuyer　退屈する
multifacette　多面的な	régional / régionaux　地域的な
une spécialité　特産品	une châtaigne　栗の実
une coppa　塩漬け燻製豚肉製品	de la charcuterie　豚肉製品
fumer　〜を燻製にする	inoubliable　忘れられない

C'est pas la mer à boire.　海を飲むほどじゃない＝さほど困難なことではない

Écouter

音声を聞いて、内容に最も合うものを下から選びましょう。

1) コルシカ島は観光地として有名ではない。

2) フランス人しかコルシカ島に行かない。

3) コルシカ島はほとんど無人島である。

4) コルシカ島では自然が保護されている。

Prononciation

リエゾンする箇所には ‿ を、アンシェヌマンする箇所には ⌢ を書きましょう。

vous ne pourrez jamais vous ennuyer sur cette île multifacette

en famille ou en couple, vous y ferez un voyage inoubliable

読まれた音声を、テクストで確認しましょう。(→和訳 p.139)

Une île extraordinaire

La Corse‿est‿une des destinations préférées des Français, mais aussi des‿Européens. Et pour cause : surnommée l'île de Beauté, elle‿offre des paysages splendides et d'une grande variété. Des plages‿au sable fin et à l'eau turquoise‿entourées d'une nature préservée, en passant par les montagnes, les lacs, le maquis et les beaux villages, vous ne pourrez jamais vous‿ennuyer sur cette île multifacette. De plus, la nourriture‿y est‿excellente‿et il‿existe de nombreux produits régionaux et spécialités corses. La châtaigne, le fromage, le vin, ou encore la coppa, délicieuse charcuterie fumée. En famille‿ou en couple, vous‿y ferez un voyage‿inoubliable !

En plus (098)

音声を聞いて、空欄をフランス語で埋めましょう。(→解答と和訳 p.139)

_____ ___ _____ d'aller sur l'île ___ _____ _____ et _____

_____ des belles _____ au _____ _____ .

2-1 Toulouse (1)

Vocabulaire

quatrième　4番目の
il s'agit de　それは～である
le canal du Midi　ミディ運河
captivant　心を奪う、魅惑する
un bord　岸
mettre à profit　利用する
se délasser　休息する、くつろぐ
portuaire　港の
au fil de　～に沿って
boudu con　やばい（トゥールーズで、親しい間での口語。驚きを表す）

l'océan Atlantique　大西洋
traverser　～を貫通する
offrir　～を示す
urbain　都市の、都会の
un fleuve　大きな川
un riverain　住民
d'ailleurs　その上
une balade　散歩
une écluse　水門

Écouter 🎧100 🎧101

音声を聞いて、内容に最も合うものを下から選びましょう。

1) トゥールーズは地中海沿いにある。
2) トゥールーズには学生が多い。
3) トゥールーズの川で泳ぐことができる。
4) トゥールーズは北西にある。

Prononciation

リエゾンする箇所には‿を、アンシェヌマンする箇所には⌒を書きましょう。

il s'agit d'une ville étudiante très dynamique

une balade magique et très agréable au fil des écluses

Régions de France　フランスの地方

3

2-1 Toulouse (1)

読まれた音声を、テクストで確認しましょう。（→和訳 p.139）

Ô Toulouse

Quatrième ville de France, Toulouse‿est située dans le sud-ouest, entre l'océan Atlantique et la mer Méditerranée, juste‿au-dessus des Pyrénées, près de l'Espagne. Il s'agit d'une ville‿étudiante très dynamique, traversée par la Garonne‿et le canal du Midi qui offrent des paysages captivants dans‿un‿environnement urbain. Les bords du fleuve‿et du canal sont‿aussi souvent mis‿à profit par les riverains pour se délasser ou encore faire du jogging. D'ailleurs, si vous‿êtes sportifs, vous pouvez faire du vélo au bord du canal jusqu'à Sète, ville portuaire méditerranéenne. Cela vous fera une balade magique et très‿agréable‿au fil des‿écluses, mais qui prendra quand même quatre jours !

En plus 🎧102

音声を聞いて、空欄をフランス語で埋めましょう。（→解答と和訳 p.139）

_____ _____ ! _____ quoi ce monde ____ _____ _____

_____ !

Écouter 解答   2)

2-2 Toulouse (2)

Vocabulaire

énormément	非常に	admirer	〜に見とれる
un lieu	場所	coloré	着色した
tirer de	〜に由来している	une brique	煉瓦
la terre cuite	テラコッタ	la construction	建設
outre	〜に加えて、のほかに	patrimoine	遺産
architectural	建築の	mondialement	世界的に
la terre d'accueil	ホストランド	une usine	工場
envoûter	〜を魅惑する		
aller péter	おならしに行く＝遠いところまで行く		

Écouter 104 105

音声を聞いて、内容に最も合うものを下から選びましょう。

1) トゥールーズにバラが多いから「バラ色の街」と呼ばれている。
2) トゥールーズではサッカーは人気がない。
3) トゥールーズのラグビークラブはとても強い。
4) トゥールーズでは電車が作られている。

Prononciation

リエゾンする箇所には ⌣ を、アンシェヌマンする箇所には ⌒ を書きましょう。

son surnom de la couleur des briques en terre cuite utilisées

le rugby est un sport populaire en Europe

読まれた音声を、テクストで確認しましょう。（→和訳 p.139）

La ville rose

Toulouse‿est‿une ville qui a énormément de charme, et dans laquelle vous pourrez marcher dans de vieilles rues en‿admirant de nombreux lieux historiques. Très colorée, on l'appelle‿aussi « La ville rose ». Elle tire son surnom de la couleur des briques‿en terre cuite‿utilisées dans la construction des bâtiments, surtout ceux du centre-ville. Outre son patrimoine‿architectural, elle‿est mondialement connue pour‿être la terre d'accueil de l'usine‿Airbus, que l'on peut même visiter. Enfin, son club de rugby, le Stade Toulousain, est l'un des plus forts‿au monde. Le rugby est‿un sport populaire en‿Europe. Alors, pourquoi ne pas aller voir‿un match ? L'ambiance du stade vous‿envoûtera !

En plus 🎧106

音声を聞いて、空欄をフランス語で埋めましょう。（→解答と和訳 p.140）

＿＿ ＿＿＿ ＿＿＿＿ ＿＿＿＿＿ à Toulouse ＿＿＿＿＿ ＿＿＿＿ la voir !

3-1　La Dordogne (1)

Vocabulaire　107

mondialement　世界的に	un département　県
une région　地域圏	non loin de　～の近くに
peuplé　人の住んでいる	un habitant　住民
un concentré　濃縮物	un vestige　跡、遺跡
dater de　(～に) 始まる、さかのぼる	la Préhistoire　先史時代
le Moyen-Âge　中世	un héritage　遺産、相続
exceptionnel　例外的な、並みはずれた	à la découverte de　～を発見するために
ravir　～の心を奪う、～を魅了する	à coup sûr　確実に、間違いなく
une gastronomie　美食	
être réputé pour　～で有名な、評判の高い	
un magret de canard　鴨の胸肉	

ça ne casse pas trois pattes à un canard　鴨の3本の脚を折らない
　　　　　　　　　　　　　　　　　　　　　＝大したことない

Écouter　108 109

音声を聞いて、内容に最も合うものを下から選びましょう。

　1) ドルドーニュは田舎で、大自然が広がる。

　2) ドルドーニュの人口は約 400 万人である。

　3) ドルドーニュの県庁はボルドーである。

　4) ドルドーニュは歴史遺産が世界中で有名である。

Prononciation

リエゾンする箇所には‿を、アンシェヌマンする箇所には⌢を書きましょう。

　la Dordogne offre une nature exceptionnelle et délicieuse

　les balades en voiture ou à pied

61

読まれた音声を、テクストで確認しましょう。(→和訳 p.140)

La Dordogne

La Dordogne‿est‿un département de la région

Nouvelle‿Aquitaine dans le Sud-Ouest, non loin de Bordeaux.

Son nom vient du fleuve qui la traverse, la Dordogne.

C'est‿un département peu peuplé, environ 400 000

habitants, mais connu mondialement pour son concentré de

vestiges‿historiques datant de la Préhistoire jusqu'au Moyen-

Âge. En plus de cet‿héritage culturel, la Dordogne‿offre‿une

nature‿exceptionnelle‿et délicieuse. Les balades‿en

voiture‿ou à pied à la découverte de la campagne française

vous raviront à coup sûr ! Côté gastronomie, elle‿est réputée

pour ses noix, ses fraises, ainsi que son foie gras, confit, et

magret de canard, sans‿oublier la truffe !

音声を聞いて、空欄をフランス語で埋めましょう。(→解答と和訳 p.140)

_____ _____ est _____ _____ pour ses _____

_____ .

Écouter 解答   4)

3-2 La Dordogne (2)

Vocabulaire

ancien　昔の	diviser A en B　A を B に分ける
devoir A à B　B のおかげで A を得る	un calcaire　石灰岩
une végétation　植生	pourpre　深紅の
une vigne　ブドウ、ブドウ畑	dense　密集した
un chêne　カシの木	rassembler　〜を集める
une grotte　洞窟	à couper le souffle　あっと驚くほど
s'en mettre plein les yeux　目でとても楽しむ	
davantage　もっと、それ以上に	
la vie de château　優雅で豪勢な生活	

Écouter

音声を聞いて、内容に最も合うものを下から選びましょう。

1) 3種のペリゴールがある。

2) 黒いペリゴールが一番訪れられている。

3) ペリゴールは最近与えられたドルドーニュの異名である。

4) 緑のペリゴールにお金持ちの人が多く住んでいる。

Prononciation

リエゾンする箇所には ‿ を、アンシェヌマンする箇所には ⌒ を書きましょう。

le Périgord vert au nord à la végétation riche

ce dernier est le plus visité car il rassemble

beaucoup de sites historiques

読まれた音声を、テクストで確認しましょう。（→和訳 p.140）

Le Périgord

On‿appelle souvent la Dordogne par son‿ancien nom, le
Périgord. Il‿est divisé en quatre : le Périgord blanc au centre,
qui doit son nom à son calcaire, le Périgord vert‿au nord‿à
la végétation riche, le Périgord pourpre‿au Sud-Ouest, terre
de nombreuses vignes, et enfin le Périgord Noir dont le nom
vient des forêts denses de chênes. Ce dernier est le plus visité
car‿il rassemble beaucoup de sites‿historiques, comme de
célèbres villages magnifiques, mais aussi des grottes‿à couper
le souffle, dont la plus connue, Lascaux. Enfin, comptant plus
de 1 000 châteaux, c'est une‿occasion de s'en mettre plein
les‿yeux et d'en‿apprendre davantage sur l'Histoire de France.

En plus 🎧114

音声を聞いて、空欄をフランス語で埋めましょう。（→解答と和訳 p.140）

En France, _____ _____ _____ _____ _____,

et sommes _____ _____ _____ auberges de luxe. C'était _____

_____ _____ _____ !

4-1　Le Grand Est (1)

Vocabulaire 🎧115

faire partie de　に属している
une frontière　境界、国境
un mélange　混合物、ブレンド
une particularité　特性、特技
pentu　傾斜した
la choucroute　シュークルート
un vignoble　ブドウの産地、ブドウ畑
la route des vins　ワイン街道（ワインの産地、生産者が集中する地域）
mettre de l'eau dans son vin　ワインに水を加える＝要求、願望を譲歩する
un sac à vin　ワイン用のバッグ＝大酒飲み

partager　〜を共有する
appartenir à　〜に所属する
franco-allemand　フランスとドイツの
un toit　屋根
admirer　見とれる
le pain d'épices　パン・デピス
le long de　（細長いもの）に沿って

Écouter 🎧116 🎧117

音声を聞いて、内容に最も合うものを下から選びましょう。

1) アルザス地方は昔ドイツの地方だった。

2) アルザス地方は昔スイスの地方だった。

3) アルザスの建築はスイスのものに似ている。

4) アルザスでは白ワインしか生産しない。

Prononciation

リエゾンする箇所には ‿ を、アンシェヌマンする箇所には ⌒ を書きましょう。

et partage une frontière avec l'Allemagne et la Suisse au sud

qu'on peut admirer à Colmar par exemple

読まれた音声を、テクストで確認しましょう。（→和訳 p.140）

L'Alsace

L'Alsace fait partie de la région Grand‿Est, et partageˆune frontièreˆavec l'Allemagneˆet la Suisseˆau sud. Il s'agit d'une région uniqueˆen Franceˆavecˆuneˆhistoire particulière. Appartenant autrefois à l'Allemagne, l'Alsaceˆest‿aujourd'hui un mélange culturel franco-allemand. On retrouve cette particularité dans l'architecture des maisons aux toits pentus qu'on peut admirer à Colmar parˆexemple, célèbre lieu touristique, mais aussi dans la gastronomie, comme la choucroute, la bière, ou encore le pain d'épices. Mais l'Alsaceˆest surtout connue pour son vin blanc, avec plus de 1 000 vignobles que l'on peut visiter le long de la route des vins.

En plus 🎧118

音声を聞いて、空欄をフランス語で埋めましょう。（→解答と和訳 p.140）

___ _____ très _____ , _____ _____ ___ _____ __ vin !

4-2 Le Grand Est (2)

Vocabulaire 🎧 119

un chef-lieu	県庁	bien que	にもかかわらず
une taille	サイズ	abriter	〜を収容する
le parlement européen	欧州議会		
considérer A comme B	AをBと見なす		
une capitale	首都	un rôle	役
majeur	重大な	bénéficier de	〜の恩恵に浴する
incroyable	信じられない	fourmiller	うようよいる、たくさんある
médiéval	中世の	flâner	ぶらつく
une richesse	豊かさ	sans aucun doute	確かに
un atout	切り札、有利な条件	attirer	〜を引き寄せる
une foule	人混み	une ambiance	雰囲気
féérique	夢のように美しい	foncer	急いで行く
croire au père Noël	サンタクロースを信じる＝無邪気だ、ありえない		

Écouter 🎧 120 🎧 121

音声を聞いて、内容に最も合うものを下から選びましょう。

1) ストラスブールはヨーロッパの重要な役割を果たしている。

2) クリスマス時期に観光客が多い。

3) ストラスブールはジュエリーで有名である。

4) パリからストラスブールまで電車で2時間以上かかる。

Prononciation

リエゾンする箇所には ‿ を、アンシェヌマンする箇所には ⌒ を書きましょう。

dans lesquelles on prend beaucoup de plaisir à flâner

sans aucun doute un de ses principaux atouts touristiques

読まれた音声を、テクストで確認しましょう。（→和訳 p.141）

Strasbourg

Strasbourg⌢est le chef-lieu de la région Grand‿Est. Bien que petite⌢en taille⌢avec seulement 277 000 habitants, elle⌢abrite le parlement européen. Elle⌢est considérée par beaucoup comme la capitale de l'Europe. En plus de son rôle majeur⌢au sein de l'Union Européenne, Strasbourg bénéficie d'un charme⌢incroyable. La ville fourmille de petites rues de style médiéval dans lesquelles⌢on prend beaucoup de plaisir⌢à flâner. La richesse de son‿architecture⌢est sans‿aucun doute⌢un de ses principaux‿atouts touristiques. En‿hiver, le célèbre marché de Noël de Strasbourg⌢attire les foules⌢et donne⌢une⌢ambiance féérique. À moins de deux‿heures⌢en train de Paris, foncez visiter ce petit bijou !

(122)

音声を聞いて、空欄をフランス語で埋めましょう。（→解答と和訳 p.141）

_____ _____ _____ ton gâteau ?

– Ça ____ pas ! ____ _____ _____ _____ _____ !

Écouter 解答   1)

68

5-1　La Provence (1)

Vocabulaire　🎧123

le sud-est	南東	environ	およそ
ensoleillé	日当たりのよい	méditerranéen	地中海の
sublime	卓越した、神々しいまでの	varié	多様性のある
une source	原因、源	une inspiration	発想、霊感
inépuisable	くみ尽くせない	un artiste	芸術家
tel que	～のような	témoigner	証言する、示す、立証する
la pétanque	ペタンク (金属の球を交代で転がして標的に当てる遊び)		
un effort	努力	détendre	疲れをとる
le cagnard	夏のとても強い日差し、暑さ		
vivre à 100 à l'heure	時速 100 で生活する＝暇なく、常に急いでいる様子		

Écouter　🎧124 🎧125

音声を聞いて、内容に最も合うものを下から選びましょう。

1) プロヴァンスは日差しが強くない。

2) プロヴァンスでは暮らしをゆったり楽しむ。

3) プロヴァンスでは運動が盛んである。

4) セザンヌはプロヴァンスで生まれた。

Prononciation

リエゾンする箇所には ‿ を、アンシェヌマンする箇所には ⌒ を書きましょう。

avec environ 300 jours de soleil par an

comme en témoigne le sport national, la pétanque

un sport sans effort

読まれた音声を、テクストで確認しましょう。(→和訳 p.141)

Région d'inspiration

La Provence, située dans le sud-est, est‿une région où le soleil n'est pas timide : avec‿environ 300 jours de soleil par‿an, cela en fait une des régions les plus‿ensoleillées de France. Son climat méditerranéen, ainsi que ses paysages sublimes‿et variés, ont longtemps été une source d'inspiration inépuisable pour de nombreux‿artistes, tels que Cézanne‿et Van Gogh.

En Provence, on ne vit pas à 100 à l'heure, et on prend le temps de profiter de la vie, comme‿en témoigne le sport national, la pétanque ! Un sport sans‿effort, et qui détend !

音声を聞いて、空欄をフランス語で埋めましょう。(→解答と和訳 p.141)

En été, _____ _____ _____ _____ _____ _____

l'après-midi. _____ _____ _____ _____ de la maison _____

_____ _____ .

Écouter 解答 2)

5-2　La Provence（2）

Vocabulaire 🎧 127

un champ　畑	la lavande　ラベンダー
s'étendre (sur)　（〜に）広がる、占める	à perte de vue　見渡す限り
un olivier　オリーブの木	esseulé　孤独な
un symbole　象徴	charmer　〜を楽しませる、魅了する
autant　同じくらい	largement　広く
dédié à　（特定の目的に）割り当てられた	vaste　広大な
mauve　薄紫（モーブ）色の	un fond　背景
profond　濃い	coloré　色の鮮やかな
caractéristique　特徴的な	attirer　〜を呼ぶ、集める
entier　全部の、全体の	s'exalter　興奮する、高揚する
avoir des oursins dans la poche　ポケットにウニがある＝ケチである	
fada　狂った、間抜けな（南仏の表現）	

Écouter 🎧 128 🎧 129

音声を聞いて、内容に最も合うものを下から選びましょう。

1) プロヴァンスの海の色は紫である。

2) ラベンダーはプロヴァンスの象徴である。

3) 五月から八月までラベンダーを楽しめる。

4) ラベンダー畑の写真を撮ってはいけない。

Prononciation

リエゾンする箇所には ‿ を、アンシェヌマンする箇所には ⌒ を書きましょう。

aux champs de lavande qui s'étendent à perte de vue

attire chaque année des touristes du monde entier qui s'exaltent à se

prendre en photo

読まれた音声を、テクストで確認しましょう。（→和訳 p.141）

Ça sent la lavande

Quand‿on‿entend « La Provence », on pense tout de suite⌢aux champs de lavande qui s'étendent⌢à perte de vue, avec⌢un‿olivier esseulé ici et là. Cette fleur, véritable symbole de la région, sait charmer autant la vue que le nez. Ainsi, de juin à juillet le plateau de Valensole, grand‿espace largement dédié à la culture de la lavande, se transforme⌢en vastes mers mauves. Avec⌢en fond un ciel bleu profond, ce paysage coloré caractéristique de la Provence⌢attire chaque⌢année des touristes du monde⌢entier qui s'exaltent⌢à se prendre⌢en photo dans cet‿environnement féérique.

En plus 🎧130

音声を聞いて、空欄をフランス語で埋めましょう。（→解答と和訳 p.141）

T'es ＿＿＿＿ ＿＿＿ ＿＿＿＿＿＿＿＿ ＿＿＿＿＿ ce cagnard !＿＿＿＿＿

＿＿＿＿＿ ＿＿ ＿＿＿＿ ＿＿＿＿ .

1-1 Noël (1)

Vocabulaire 🎧131

une ambiance　雰囲気	festif　お祭り気分の
décorer　〜を飾る	le sapin de Noël　クリスマスツリー
le Père Noël　サンタクロース	un jouet　おもちゃ
une période　時期	
ne pas être un cadeau　プレゼントではない＝厄介だ、嫌なこと［やつ］だ	

Écouter 🎧132 🎧133

音声を聞いて、内容に最も合うものを下から選びましょう。

　1) 11 月からクリスマスツリーを飾り始める。

　2) フランスの全ての家庭でイルミネーションをつける。

　3) フランスではクリスマスは恋人とデートをする。

　4) 年末にたくさんチョコを食べる。

Prononciation

リエゾンする箇所には ‿ を、アンシェヌマンする箇所には ⌒ を書きましょう。

　les enfants écrivent une lettre au Père Noël

　Noël est aussi une période où l'on achète

読まれた音声を、テクストで確認しましょう。（→和訳 p.141）

Petit Papa Noël

Pour beaucoup de Français, Noël‿est la fête la plus‿attendue de l'année, surtout pour les‿enfants. Vers début décembre, l'ambiance devient petit‿à petit festive. Les rues des villes, les maisons et les jardins sont souvent décorés, et on prépare‿en famille le sapin de Noël. Les‿enfants écrivent‿une lettre‿au Père Noël, dans laquelle‿ils‿écrivent la liste de jouets qu'ils‿aimeraient avoir. Les‿adultes, eux, font les magasins pour‿acheter les cadeaux des‿enfants. Noël‿est‿aussi une période‿où l'on‿achète beaucoup de grosses boîtes de chocolats. Miam miam !

En plus (134)

音声を聞いて、空欄をフランス語で埋めましょう。（→解答と和訳 p.142）

À _____ , _____ _____ _____ _____ du frère de

ma petite amie... _____ _____ _____ _____ !

Vocabulaire 🎧 135

se réunir 集まる	fastueux 豪華な、贅沢な
se faire plaisir 自分を喜ばせる	une huître カキ
une crevette エビ	un canard 鴨
un foie 肝臓、レバー	gras 脂っこい
un toast カナッペ	une bûche 薪
une bûche de Noël ブッシュ・ド・ノエル	
un régime ダイエット	un programme 番組
un grand film 有名で質のいい映画	passer à la télévision テレビで流れる
une fois que いったん〜すると	un par un 1つずつ
passer [時間] à + 動 〜して時間を過ごす	
ne pas faire de cadeau(x) à [人] 〜にプレゼントしない	
=〜に手厳しい態度で臨む、容赦ない	

Écouter 🎧 136 🎧 137

音声を聞いて、内容に最も合うものを下から選びましょう。

1) クリスマスの時にダイエットするタイミングになっている。

2) プレゼントを 24 日の夜に開ける。

3) 24 日の夜に映画館に行く習慣がある。

4) 25 日の朝みんなが起きてからプレゼントを開ける。

Prononciation

リエゾンする箇所には ‿ を、アンシェヌマンする箇所には ⌒ を書きましょう。

de grands films passent à la télévision

une fois que tout le monde est levé, on ouvre ensemble

読まれた音声を、テクストで確認しましょう。(→和訳 p.142)

Au pied du sapin

Le vingt-quatre décembre͡au soir, on se réunit en famille pour manger un repas fastueux. On se fait plaisir ! En général, on mange des‿huîtres, des crevettes, du magret de canard, du foie gras, des toasts, une bûche de Noël, etc... Vous l'avez donc compris, ce n'est pas le bon moment pour choisir de faire͡un régime... Ensuite, on regarde généralement un film. Durant cette période, beaucoup de programmes spéciaux et de grands films passent͡à la télévision.

Enfin, le vingt-cinq͡au matin, une fois que tout le monde͡est levé, on‿ouvre͡ensemble les cadeaux, posés au pied du sapin, un par͡un. On passe généralement le reste de la journée à profiter de nos nouveaux cadeaux !

En plus (138)

音声を聞いて、空欄をフランス語で埋めましょう。(→解答と和訳 p.142)

Si un jour _____ _____ _____ _____ _____ , _____ _____

_____ _____ _____ _____ _____ !

Écouter 解答 4)

2-1　Le 14 juillet (1)

Vocabulaire 🎧139

la prise de la Bastille　バスティーユ監獄の奪取

un peuple　国民

jour pour jour　ちょうど同じ日に

la fête de la Fédération　連盟祭

avoir pour but de + 動　〜することを目的とする

sanglant　血まみれの

défiler　行進する

créer　〜を創造する、創設する

un esprit　精神

commémorer　〜を記念して式典を行う

ça va être ta fête　君のパーティーになるだろう＝君はものすごく怒られるよ

révolté　反抗的な、憤激した

se dérouler　行われる

unifier　〜を統一［統合］する

une armée　軍隊

un siècle　世紀

renforcer　〜を強化する

national　国家の

une unification　統一、統合

Écouter 🎧140 🎧141

音声を聞いて、内容に最も合うものを下から選びましょう。

1) 革命記念日はフランス国民であるという自覚を高めるために設けられた。

2) 革命記念日はマリー＝アントワネットが設けた祝日である。

3) 革命記念日はバスティーユを襲撃したことを記念する。

4) 革命記念日は 1790 年から毎年行われてきた。

Prononciation

リエゾンする箇所には ‿ を、アンシェヌマンする箇所には ⌒ を書きましょう。

enfin, en 1880, presque un siècle plus tard

le 14 juillet a donc été choisi comme fête nationale

読まれた音声を、テクストで確認しましょう。(→和訳 p.142)

L'origine du 14 juillet

Tout commence par la prise de la Bastille par le peuple français révolté le 14 juillet 1789 à Paris. Puis, un͜an plus tard jour pour jour, le 14 juillet 1790, s'est déroulée la fête de la Fédération. Elle‿a eu pour but d'unifier les Français après les‿évènements sanglants de l'année précédente. Ainsi, les‿armées de chaque province sont venues défiler à Paris devant Louis XVI et Marie-Antoinette. Enfin, en 1880, presque‿un siècle plus tard, l'État a voulu créer un jour de fête qui réunit les Français et renforce l'esprit national. Le 14 juillet a donc‿été choisi comme fête nationale, jour qui commémore la fête de la Fédération de 1790, symbole d'unification.

En plus 🎧 142

音声を聞いて、空欄をフランス語で埋めましょう。(→解答と和訳 p.142)

Mince ! J'ai _____ _____ de papa... ___ ___ _____

___ _____ !

2-2 Le 14 juillet (2)

Vocabulaire 🎧143

un défilé　パレード

en présence de　〜の前で、〜の出席のもとに

retransmettre　〜を中継放送する

une chaîne de télévision　テレビチャンネル

manquer　〜を欠席する、見逃す

tirer des feux d'artifices　花火を打ち上げる

spectaculaire　派手な、目覚ましい

observer　〜を観察する

au cœur de　〜の真ん中

ne pas savoir sur quel pied danser　どの足で踊ればいいか分からない
　　　　　　　　　　　　　　　　　　＝どうしたらよいか分からない

organiser　準備［企画］する

une personnalité　名士、お偉方

des milliers　何千もの

un bal　舞踏会、ダンスパーティー

jusque tard　遅くまで

Écouter 🎧144 🎧145

音声を聞いて、内容に最も合うものを下4から選びましょう。

1) パレードを見ることは義務的である。

2) パレードは全国で行われている。

3) 花火がフランス全国で打ち上げられる。

4) 14日の夜にエッフェル塔の下でダンスパーティーがある。

Prononciation

リエゾンする箇所には‿を、アンシェヌマンする箇所には⌒を書きましょう。

chaque année, le défilé du 14 juillet est organisé

cependant, l'événement le plus attendu est certainement

Les fêtes　行事

4

2-2 Le 14 juillet (2)

読まれた音声を、テクストで確認しましょう。(→和訳 p.142)

Comment fête-t-on le 14 juillet ?

Chaque‿année, le défilé du 14 juillet est‿organisé sur les Champs-Élysées en présence du président de la République, du Premier Ministre‿ainsi que de nombreuses‿autres personnalités. Le défilé est‿aussi retransmis sur plusieurs chaînes de télévision, vous ne pourrez donc pas le manquer ! Cependant, l'événement le plus‿attendu est certainement les feux d'artifice le soir qui sont tirés dans tout le pays. Les plus spectaculaires‿et célèbres sont ceux de la Tour Eiffel, où des milliers de personnes se rassemblent pour les‿observer.

Enfin, en ville mais aussi et surtout en campagne, des bals sont‿organisés au cœur des villages. Les‿habitants s'y réunissent‿et dansent jusque tard le soir, comme‿autrefois !

En plus   🎧 146

音声を聞いて、空欄をフランス語で埋めましょう。(→解答と和訳 p.142)

_____ _____ _____ . Je ne _____ _____ _____ _____ ___

_____ _____ _____ .

Écouter 解答   3)

80

3-1　La chandeleur

Vocabulaire　🎧147

religieux　宗教の
d'ailleurs　それに、その上、そもそも
pointer le bout de son nez　現れてくる
une pâte　生地
du rhum　ラム酒
un délice　無上の喜び、悦楽
fondre comme neige au soleil　日向の雪が溶けるように＝すぐなくなる

synonyme　同義の、類義の
rallonger　長くなる
rond　丸い
de la vanille　バニラ
de la fleur d'oranger　橙花油

Écouter　🎧148 🎧149

音声を聞いて、内容に最も合うものを下から選びましょう。

1) キリスト教の信仰者だけがシャンドルールを祝う。
2) クレープによくホイップクリームを入れる。
3) クレープに塩っぱいものもよく入れる。
4) クレープが太陽を思わせるのでシャンドルールに食べるようになった。

Prononciation

リエゾンする箇所には‿を、アンシェヌマンする箇所には⌒を書きましょう。

cette fête est surtout synonyme de crêpes, que l'on fait

nous-mêmes à la maison

mais les jours commencent à rallonger petit à petit

読まれた音声を、テクストで確認しましょう。(→和訳 p.143)

Le jour des crêpes

On fête la Chandeleur‿exactement 40 jours‿après Noël, le 2 février. Même si elle‿est d'origine religieuse, aujourd'hui cette fête‿est surtout synonyme de crêpes, que l'on fait nous-mêmes‿à la maison. Mais pourquoi des crêpes, d'ailleurs ? En février, c'est l'hiver, il fait froid, mais les jours commencent‿à rallonger petit‿à petit. Le printemps n'est pas très loin et va bientôt pointer le bout de son nez. Ainsi, les crêpes, rondes‿et dorées, représentent le soleil qui manque tellement en cette saison. Dans la pâte, on met en général de la vanille, puis on‿ajoute soit du rhum, ou de la fleur d'oranger. Enfin, on tartine les crêpes‿avec ce qu'on veut ! Du sucre, de la pâte‿à tartiner, de la confiture... Quel délice !

En plus 🎧150

音声を聞いて、空欄をフランス語で埋めましょう。(→解答と和訳 p.143)

_____ _____ que _____ _____ ont _____ _____ _____

_____ _____ ... ___ n'en _____ _____ _____ !

3-2　La Saint-Valentin

Vocabulaire　🎧151

se fêter　祝われている	uniquement　もっぱら、ひたすら
un amoureux　恋人	célibataire　独身の人
apprécier　～を評価する	ça se comprend　わかるでしょう
ardent　情熱的な	sincère　誠実な
commercial　商業的な	
un Français sur deux　2人のうち1人のフランス人	
se demander　自問する、考える	
Quand on aime, on ne compte pas　好きな人のためだからお金はいくらでも使える	

Écouter　🎧152 🎧153

音声を聞いて、内容に最も合うものを下から選びましょう。

1) バレンタインデーはシングルの人々にとって不愉快な日だ。

2) ケチな人はバレンタインデーを祝わない。

3) シングルの人々もバレンタインデーを祝う。

4) バレンタインデーには女性は何も払わない。

Prononciation

リエゾンする箇所には ‿ を、アンシェヌマンする箇所には ⌢ を書きましょう。

la Saint-Valentin se fête uniquement entre amoureux

rouges pour un amour ardent, ou blanches pour un amour sincère

読まれた音声を、テクストで確認しましょう。（→和訳 p.143）

La fête de l'amour ?

En France, la Saint-Valentin se fête⌢uniquement entre⌢amoureux. C'est pourquoi les célibataires, qui n'ont personne⌢avec qui la fêter, n'apprécient pas beaucoup ce jour-là, et ça se comprend !

Le 14 février, les‿hommes⌢offrent souvent des roses, rouges pour⌢un‿amour⌢ardent, ou blanches pour⌢un‿amour sincère. Beaucoup de couples vont‿aussi au restaurant, mais d'autres préfèrent cuisiner eux-mêmes⌢un repas romantique⌢à la maison. Cependant, il faut savoir que la Saint-Valentin est vue par beaucoup comme⌢une fête commerciale. Ainsi, seulement un Français sur deux la célèbre. En‿effet, on peut se demander pourquoi attendre ce jour pour fêter notre⌢amour ?

　🎧154

音声を聞いて、空欄をフランス語で埋めましょう。（→解答と和訳 p.143）

La bague _____ _____ _____ ... Mais bon, _____ _____

_____ , _____ _____ _____ _____ ___ !

Écouter 解答　　1)

84

4-1 Pâques

Vocabulaire 🎧155

le cache-cache　かくれんぼ	excitant　興奮させる
et pour cause　それもそのはずだ	une chasse　狩り、狩猟、採集
ramasser　〜を拾う	en forme de　〜の形の
une poule　雌鶏	soigneusement　念入りに、丁寧に
cacher　〜を隠す	une cachette　隠れ場所
véritable　本物の	une course　競争
s'engager　始まる	en premier　最初に
se goinfrer　がつがつ [むさぼり] 食う	une friandise　おいしいもの、甘いもの
tranquillement　ゆっくり	gare à　〜に注意しろ
un mal de ventre　腹痛	
marcher sur des œufs　卵を踏む＝慎重に [恐る恐る] 振る舞う	

Écouter 🎧156 🎧157

音声を聞いて、内容に最も合うものを下から選びましょう。

1) イースターに子どもたちは鬼ごっこで遊ぶ。

2) 卵以外の形のチョコも隠す。

3) イースターの日にウサギを食べる。

4) 必ず外でチョコを隠す。

Prononciation

リエゾンする箇所には ‿ を、アンシェヌマンする箇所には ⌒ を書きましょう。

Pâques est un jour très excitant pour les enfants

ils partent à la chasse aux œufs dans leur jardin

読まれた音声を、テクストで確認しましょう。(→和訳 p.143)

Cache-cache avec des œufs

Pâques‿est‿une fête d'origine religieuse. Aujourd'hui, elle‿est surtout synonyme de chocolats. Le dimanche de Pâques‿est‿un jour très‿excitant pour les‿enfants. Et pour cause, ils partent‿à la « chasse‿aux‿œufs » dans leur jardin ! Ils ramassent plein de chocolats en forme d'œufs, de poules, et lapins ainsi que d'autres bonbons que les parents ont soigneusement cachés un peu partout. S'il pleut ce jour-là, on les cachera alors dans la maison, ce qui demande de l'imagination afin de trouver de bonnes cachettes ! Entre frères‿et sœurs, une véritable course s'engage ! On se dépêche de trouver les chocolats en premier, pour‿ensuite pouvoir se goinfrer de friandises tranquillement. Mais gare‿aux maux de ventres !

En plus (158)

音声を聞いて、空欄をフランス語で埋めましょう。(→解答と和訳 p.143)

_____ _____ amoureuse, _____ _____ ce que je pense

et _____ _____ _____ _____ _____ _____ .

Écouter 解答   2)

4-2 La fête de la musique

Vocabulaire 🎧159

se dérouler　行われる	au départ　もともと、初めは、最初に
connaître un succès　大当たりをとる	partout　至る所に、どこでも
amateur　素人の	professionnel　プロの
gratuitement　ただで	flâner　ぶらつく、散策する
assister à　〜に出席する、見物する	un coin de rue　通りの角
il s'agit de　それは〜である	festif　祝祭の、お祭り気分の
chaleureux　熱心な、熱烈な	accueillir　〜を迎える
estivale　夏の	

chanter comme une casserole　鍋のように歌う＝歌がすごく下手である

Écouter 🎧160 🎧161

音声を聞いて、内容に最も合うものを下から選びましょう。

1) 音楽の祭日はフランスだけで行われている。

2) 音楽の祭日に有料で生の演奏を聞ける。

3) 音楽の祭日にはどんなジャンルでも演奏されている。

4) 音楽の祭日はプロでも素人でも演奏に参加できる。

Prononciation

リエゾンする箇所には‿を、アンシェヌマンする箇所には⌢を書きましょう。

elle était célébrée seulement en France

on peut découvrir à chaque coin de rue

読まれた音声を、テクストで確認しましょう。(→和訳 p.143)

Faites monter le son !

Chaque‿année, le 21 juin, se déroule la fête de la musique. Au départ, elle‿était célébrée seulement en France‿à partir de 1982. Elle‿a connu un tel succès qu'aujourd'hui on la célèbre partout dans le monde !

Ce jour-là est l'occasion pour les musiciens amateurs comme professionnels de jouer, gratuitement, dans les rues. Avec des‿amis ou en famille, on part flâner en ville‿afin d'assister à plein de mini-concerts, danser, boire, et souvent même discuter avec les musiciens. En se promenant, on peut découvrir‿à chaque coin de rue un style de musique différent. Il s'agit d'un jour très festif‿et chaleureux qui accueille la saison estivale.

En plus (162)

音声を聞いて、空欄をフランス語で埋めましょう。(→解答と和訳 p.144)

_____ _____ _____ _____ au karaoke avec lui... ___ _____

_____ _____ _____ et me casse _____ _____ !

Vocabulaire 🎧 163

le réveillon de la Saint Sylvestre　大晦日

du saumon fumé　スモークサーモン

faire le décompte　カウントダウンする　　　　chez soi　自宅で

admirer　〜に見とれる　　　　　　　　　　　crier　叫ぶ

Bonne année !　よいお年を！／あけましておめでとう！

se souhaiter　お互いに [幸運など] 願う　　　　s'en faire　心配する

se mettre sur son trente et un　自分の 31 を着る＝とても美しく着飾る

Écouter 🎧 164 🎧 165

音声を聞いて、内容に最も合うものを下から選びましょう。

1) 1 月 31 日まで Bonne année と言ってよい。

2) 1 月 1 日は 12 月 31 日より重要である。

3) 12 月 31 日は絶対に家族で過ごす。

4) 1 月 1 日になる前にも Bonne année を言える。

Prononciation

リエゾンする箇所には ‿ を、アンシェヌマンする箇所には ⌒ を書きましょう。

on organise un repas délicieux avec entre autres

on fait la bise à tout le monde en se souhaitant

読まれた音声を、テクストで確認しましょう。(→和訳 p.144)

Le réveillon de la Saint Sylvestre

En France, on ne fait rien de spécial le premier janvier. C'est le 31 décembre‿au soir que l'on fait la fête, en famille‿ou entre‿amis. On s'habille bien et on‿organise‿un repas délicieux avec‿entre‿autres du foie gras, des‿huîtres, et du saumon fumé. Après avoir bien bu et bien mangé, on fait le décompte juste‿avant minuit, soit chez soi devant la télé, ou bien en‿admirant les feux d'artifices des grandes villes. Quand c'est minuit, on crie « Bonne‿année ! » et on fait la bise‿à tout le monde‿en se souhaitant « Bonne‿année et bonne santé » ! Si vous‿avez oublié de la souhaiter à quelqu'un, ne vous‿en faites pas, on peut se la souhaiter tout le mois de janvier !

En plus 🎧 166

音声を聞いて、空欄をフランス語で埋めましょう。(→解答と和訳 p.144)

_____ _____ _____ _____ _____ _____

pour impressionner sa petite amie.

Écouter 解答   1)

90

Vocabulaire　🎧 167

avoir pour coutume de + 動	～の慣習がある
une galette des rois	ガレット・デ・ロワ

voire même　いや（それどころか）、さらに		gourmand　食いしん坊の	
la frangipane　フランジパーヌクリーム		rond　丸い	
un trou　穴		au milieu　真ん中に	
une fève　フェーブ（陶器の人形）		avaler　～を飲み込む	
pire　より悪い		croquer　かりかり［ぱりぱり］と噛む	
dedans　その中で		risquer de + 動　～のおそれがある	
tomber sur　たまたま～に当たる		dessus　上に	
un roi / une reine　王／女王		une couronne　冠	
en carton　厚紙の		fourni　付属の	

un argument de vente　セールスポイント	
faire collection de　～の収集をする	
heureux comme un roi　王様のように幸せ＝とてもうれしい	

Écouter　🎧 168 🎧 169

音声を聞いて、内容に最も合うものを下から選びましょう。

1) ガレット・デ・ロワはドーナツと同じ形をしている。

2) 冠をかぶっている人だけがガレットを食べる。

3) ガレット・デ・ロワの種類は多い。

4) 陶器の人形を食べてはいけない。

Prononciation

リエゾンする箇所には ‿ を、アンシェヌマンする箇所には ⌒ を書きましょう。

les galettes peuvent être à la frangipane

ou juste une brioche ronde avec un trou au milieu, comme un donut

読まれた音声を、テクストで確認しましょう。（→和訳 p.144）

C'est moi le roi

Début janvier, on‿a pour coutume de manger une galette des rois, voire même plusieurs pour les plus gourmands ! Les galettes peuvent‿être‿à la frangipane, ou juste‿une brioche ronde‿avec‿un trou au milieu, comme‿un donut. Une fève‿y est cachée, il faut donc faire‿attention de ne pas l'avaler, ou pire, de croquer dedans ! Sinon, on risque de se casser une dent... La personne qui tombe dessus devient le roi ou la reine, et doit porter la couronne‿en carton fournie avec la galette. Il‿existe plein de sortes de fèves‿et elles sont très souvent un‿argument de vente. Beaucoup en font d'ailleurs collection.

En plus 🎧170

音声を聞いて、空欄をフランス語で埋めましょう。（→解答と和訳 p.144）

_____ _____ _____ et _____ _____ _____ _____ ma famille... _____

_____ _____ _____ _____ _____ _____ !

1-1 Le contact (1)

Vocabulaire

un bisou　ビズ	habitué à　〜に慣れている
un contact　接触	physique　身体の
depuis tout petit　子どもの頃から	un câlin　ハグ
de temps en temps　時には	également　〜も
lors　〜の時に	fatigant　疲れる
c'est-à-dire　すなわち、つまり	
ce n'est pas tout　それだけではない	
souhaiter (la) bonne nuit　「おやすみなさい」という	
prévenir　〜に予告する、通知する	penser à　〜を忘れないようにする
muscler　〜の筋肉を発達させる	les lèvres　唇
se mordre les lèvres de +［ 图 / 不定詞］　自分の唇を噛む＝〜をこらえようと唇を噛む、〜を強く後悔する

Écouter 172 173

音声を聞いて、内容に最も合うものを下から選びましょう。

1) 疲れた時にはビズをしなくてもいい。
2) 顔を合わせた時にはハグをする。
3) 男性同士でもビズをする。
4) 相手のことが好きな時だけにビズをする。

Prononciation

リエゾンする箇所には ‿ を、アンシェヌマンする箇所には ⌒ を書きましょう。

nos frères et sœurs, et de temps en temps à nos amis

il faut faire en général deux bises par personnes

読まれた音声を、テクストで確認しましょう。(→和訳 p.144)

Le bisou ! Le bisou !

Nous sommes‿habitués au contact physique depuis tout petit. On fait des câlins à nos parents, nos frères‿et sœurs, et de temps‿en temps à nos‿amis. On fait également presque toujours la bise pour dire bonjour‿à notre famille‿et nos‿amis. Lorsqu'il‿y a beaucoup de monde, par‿exemple lors d'un repas ou d'une fête, ça devient fatigant ! Imaginez, s'il‿y a dix personnes, il faut faire‿en général deux bises par personnes, c'est‿à-dire vingt bises ! C'est pas tout ! On la fait aussi lorsqu'on souhaite la bonne nuit, et pour dire merci lorsqu'on reçoit un cadeau. Alors, vous‿êtes prévenus, pensez à muscler vos lèvres‿avant d'aller en France !

🔊174

音声を聞いて、空欄をフランス語で埋めましょう。(→解答と和訳 p.145)

_____ _____ _____ _____ _____ lui _____ fait

confiance.

Vocabulaire 🎧 175

se balader 散歩する、ぶらつく
le toucher 触覚、手触り
essentiel 肝心な
exprimer 表現する
retrouver 〜を見つけ出す
se faire un câlin ハグし合う
devant les autres 他人の目の前で
discret 慎み深い、控え目な
se bécoter キスをし合う
bref 要するに
une preuve 証拠、あかし
l'amour est aveugle 恋は盲目

via 〜を通して、経由で
un élément 要素
grâce à 〜のおかげで
un sentiment 感情、気持ち
se caresser 〜をなでる
tactile 触覚の
même si たとえ〜しても
déconcertant 面食らわせる、まごつかせる
un banc ベンチ
un geste 身振り、しぐさ
rassurer 〜を安心させる

Écouter 🎧 176 177

音声を聞いて、内容に最も合うものを下から選びましょう。

1) スキンシップは不可欠な愛情表現の一種である。
2) 人前ではスキンシップの愛情表現をしない。
3) 恋人とだけスキンシップをする。
4) 男友達同士でも道で手をつなぐ。

Prononciation

リエゾンする箇所には ‿ を、アンシェヌマンする箇所には ⌢ を書きましょう。

on retrouve ainsi son importance dans les relations amoureuses

tous ces petits gestes au quotidien sont une preuve d'amour

読まれた音声を、テクストで確認しましょう。(→和訳 p.145)

Des mains qui se baladent

Les Français communiquent donc énormément via le toucher. Il s'agit d'un élément essentiel de la vie de tous les jours, grâce auquel nous exprimons de nombreux sentiments. On retrouve ainsi son importance dans les relations amoureuses. On s'embrasse souvent, on se tient la main, on se caresse le bras, le dos, on se fait des câlins… On est très tactiles, même devant les autres ! Même si l'on reste quand même un peu discret, ça peut être déconcertant pour les Japonais lorsqu'ils aperçoivent dans des parcs ou même dans les rues en France des jeunes qui se bécotent sur des bancs publics… Bref, tous ces petits gestes au quotidien sont une preuve d'amour, ils rassurent et font beaucoup de bien.

En plus 🎧178

音声を聞いて、空欄をフランス語で埋めましょう。(→解答と和訳 p.145)

Viens _____ _____ _____ _____ et un gros _____ _____ _____

_____ !

2-1 Les relations amoureuses (1)

Vocabulaire 🎧179

conformément à　〜に従って、応じて	un cliché　型にはまった考え
attacher de l'importance à　〜の重要さを認める	
une vie amoureuse　恋愛	notre autre moitié　恋人
primordial　最も重要な	avoir tendance à　〜の傾向がある
garder　〜を守る、漏らさない	un mécontentement　不満、不平
franchement　率直に、正直に	régler un problème　問題を解決する
mener à　〜に至らせる	une dispute　喧嘩
ressentir　〜を感じる	se séparer　別れる
il vaut mieux +動　〜したほうがいい	
se prendre un râteau　熊手に当たる＝（告白して）断られる	

Écouter 🎧180 🎧181

音声を聞いて、内容に最も合うものを下から選びましょう。

1) フランスの恋人は喧嘩するのが好きである。
2) 恋人といるよりも、一人でいる方が好きな人も多い。
3) 愛し合っていなくても付き合いが続けられると考えている。
4) 恋人に不満があったら、我慢せずに言う。

Prononciation

リエゾンする箇所には‿を、アンシェヌマンする箇所には⌒を書きましょう。

on attache beaucoup d'importance à notre vie amoureuse

en effet, on a beaucoup moins tendance à garder

読まれた音声を、テクストで確認しましょう。(→和訳 p.145)

L'amour pour toujours

Les Français, conformément au cliché, sont plutôt romantiques. On‿attache beaucoup d'importance‿à notre vie amoureuse. Aussi, la communication avec notre‿autre moitié est primordiale, et on n'hésite pas à dire ce qu'on pense lorsqu'il‿y a un problème. En‿effet, on‿a beaucoup moins tendance‿à garder notre mécontentement pour nous. Ainsi, il n'est pas rare que l'on se parle franchement afin de régler les problèmes et cela peut parfois mener à la dispute.

Et si un jour‿on ne ressent plus d'amour pour l'autre, on n'hésite pas à se séparer, marié ou non. Comme‿on dit souvent en France, il vaut mieux être seul que mal‿accompagné !

En plus 🎧 182

音声を聞いて、空欄をフランス語で埋めましょう。(→解答と和訳 p.145)

_____ _____ _____ _____ _____ d'un ami _____ _____ , et

_____ _____ _____ _____ _____ _____ ...

Écouter 解答 4)

2-2 Les relations amoureuses (2)

Vocabulaire (183)

sentimental	感情の	une étape	段階
une activité	アクティビティ	en couple	カップルで
un compagnon	パートナー	un dicton	ことわざ
comme dit le dicton	ことわざにあるように		
une anecdote	逸話	croustillant	際どくておもしろい
notre bien-aimé	恋人	mal vu	悪く思われている
tromper	浮気する	d'autant plus	それだけにいっそう
un partenaire	パートナー		
qui se ressemble s'assemble	類は友を呼ぶ		

Écouter (184) (185)

音声を聞いて、内容に最も合うものを下から選びましょう。

1) 恋人の友達と仲良くすることが多い。

2) 恋人の友達とはめったに会わない。

3) フランス人はよく浮気する。

4) 友達に恋人を紹介しなくてもよい。

Prononciation

リエゾンする箇所には ‿ を、アンシェヌマンする箇所には ⌒ を書きましょう。

leur avis nous est important

en effet, on fait souvent des activités en couple avec eux

読まれた音声を、テクストで確認しましょう。(→和訳 p.145)

L'importance des amis

On parle beaucoup de nos problèmes sentimentaux avec nos‿amis. Leur‿avis nous‿est‿important. D'ailleurs, présenter notre nouvelle copine‿ou nouveau copain à nos‿amis est‿une‿étape‿importante. En‿effet, on fait souvent des‿activités en couple‿avec‿eux. Ainsi, les‿amis de notre compagnon deviennent petit‿à petit nos‿amis. De plus, les connaître‿est aussi une façon de mieux connaître notre moitié, car, comme dit le dicton, qui se ressemble s'assemble ! Puis, si on‿a de la chance, ils nous partageront quelques‿anecdotes croustillantes sur notre bien‿aimé(e) qu'on ne connaissait pas ! Enfin, cela va peut‿être vous surprendre, mais il‿est très mal vu de tromper. D'autant plus lorsque le ou la partenaire de notre‿ami(e) est devenu notre‿ami(e).

En plus 　🎧186

音声を聞いて、空欄をフランス語で埋めましょう。(→解答と和訳 p.145)

_____ _____ _____ _____ ma copine ___ _____

_____ . J'ai __ _____ qu' _____ _____ _____ .

Écouter 解答　1)

3-1　Le mariage (1)

Vocabulaire 🎧 187

de la pression　プレッシャー

le plus important, c'est ～　一番大事なのは～だ

le restant　残り、その後

penser à + 動　～することを考える

régulièrement　定期的に

opter pour　～を選ぶ

se pacser　パックス (連帯市民協約) を結ぶ

proche　近い

filer le parfait amour　完璧な愛を紡ぐ＝熱烈な恋愛関係にある

un partenaire　パートナー

commun　普通の、平凡な

au lieu de + 動　～する代わりに

l'union libre　同棲

durer　続く

Écouter 🎧 188 189

音声を聞いて、内容に最も合うものを下から選びましょう。

1) フランス人の結婚式はとても厳かだ。

2) フランス人はよく恋人を家族に紹介する。

3) フランス人は結婚するようにプレッシャーを感じている。

4) よく上司に恋人を紹介する。

Prononciation

リエゾンする箇所には‿を、アンシェヌマンする箇所には⌢を書きましょう。

on invite au mariage juste la famille et les amis proches

le mariage est une fête qui peut durer jusqu'au lendemain matin

読まれた音声を、テクストで確認しましょう。(→和訳 p.146)

Avant le mariage

On n'a pas vraiment de pression pour se marier. Le plus‿important, c'est de trouver quelqu'un avec qui on peut partager le restant de notre vie. On présente d'ailleurs souvent notre partenaire‿à nos parents même si on ne pense pas du tout à se marier, et il‿est très commun de les rencontrer régulièrement. Ensuite, au lieu de se marier, beaucoup optent pour se pacser, ou encore juste rester en‿union libre. Si l'on décide de se marier, on‿invite‿au mariage juste la famille‿et les‿amis proches. Il‿est très rare qu'on partage ce moment avec les collègues‿ou encore notre patron ! Le mariage‿est‿une fête qui peut durer jusqu'au lendemain matin. On s'amuse, on danse, on mange, on boit, on parle‿avec tout le monde.

En plus 🎧190

音声を聞いて、空欄をフランス語で埋めましょう。(→解答と和訳 p.146)

_____ _____ _____ _____ _____ _____ qu'ils se sont

rencontrés, _____ _____ .

Écouter 解答   2)

3-2 Le mariage (2)

Vocabulaire 〔191〕

la plupart de　大部分の
compatible　相いれる、両立しうる
faire chambre à part　寝室を別にする
épanoui　豊満な、成熟した
résumer　要約する
loin des yeux loin du cœur　目から離れると心からも離れる＝去る者は日々に疎し

un cas　ケース
une intimité　仲のよさ、親密な関係
une vie sexuelle　性生活
une survie　生存、生き延びること
la routine　マンネリ

Écouter 〔192〕〔193〕

音声を聞いて、内容に最も合うものを下から選びましょう。

1) 結婚してからも恋人の時のような関係を続ける。

2) 子どもは幼いときは親の部屋で寝る。

3) フランスはキリスト教のため結婚する前に同棲はしない。

4) 結婚してからは友達に会えなくなってしまう。

Prononciation

リエゾンする箇所には ‿ を、アンシェヌマンする箇所には ⌒ を書きましょう。

après s'être marié, et même après avoir eu des enfants

il est très rare qu'on fasse chambre à part

読まれた音声を、テクストで確認しましょう。（→和訳 p.146）

Après le mariage

Dans la plupart des cas, on vit ensemble‿avant de décider de se marier, car‿il n'y a que comme ça qu'on peut vraiment voir si on‿est compatible‿avec l'autre ! Après s'être marié, et même‿après avoir‿eu des‿enfants, on‿essaie de garder une relation romantique. Les‿enfants, même petits, dorment dans leur chambre. Ainsi, les parents peuvent garder leur‿intimité. Il‿est très rare qu'on fasse chambre‿à part. Garder une vie sexuelle‿épanouie et le contact physique‿avec son partenaire‿est très‿important pour la survie du couple. Ensuite, souvent le weekend, on continue de voir régulièrement nos‿amis en couple, avec les‿enfants. Pour résumer, il n'y a pas de grand changement entre‿avant et après le mariage. Mais on doit toujours faire‿attention à la routine !

音声を聞いて、空欄をフランス語で埋めましょう。（→解答と和訳 p.146）

_____ _____ longue distance _____ _____ à

continuer... _____ _____ _____ , _____ _____ _____ .

Écouter 解答　1)

4-1 Pas de Tatemae (1)

Vocabulaire 🎧195

pratiquement ほとんど
attacher de l'importance à ～の重要さを認める
une paix 平穏
une différence 相違
sortir du lot 目立つ
argumenter 議論をする
admettre ～を認める
être de mauvaise foi 不誠実である
stimulant 刺激的な、興奮させる
une éloquence 雄弁、説得力
une culture générale 一般教養
changer d'avis comme de chemise シャツを着替えるように意見を変える
＝意見をころころ変える

un débat 討論
une opinion 意見、見地
déranger ～に迷惑をかける、乱す
prouver ～を証明する、立証する
avoir tort 間違っている
débattre 討議する
démontrer ～を証明する、論証する
étaler ～を薄く伸ばす

Écouter 🎧196 🎧197

音声を聞いて、内容に最も合うものを下から選びましょう。

1) フランス人は本音しか言わない。
2) 人の間の平和を大事に思っている。
3) 主張できることが大事である。
4) 議論することは失礼だと思われている。

Prononciation

リエゾンする箇所には ‿ を、アンシェヌマンする箇所には ⌒ を書きましょう。

mais les Français trouvent que débattre est très stimulant

c'est une occasion de démontrer son intelligence et son éloquence

読まれた音声を、テクストで確認しましょう。（→和訳 p.146）

Être différent

Le Tatemae n'existe pratiquement pas en France. Les Français attachent moins d'importance‿à la paix dans la société et entre les personnes. Ainsi, on‿apprécie beaucoup les débats, et les différences d'opinions. Sortir du lot et ne pas dire comme les‿autres ne dérangent pas. On‿essaie souvent d'avoir raison, et on‿argumente beaucoup afin de prouver que son point de vue est le bon. Parfois, les gens ne veulent pas admettre qu'ils‿ont tort, et sont de mauvaise foi... Mais les Français trouvent que débattre‿est très stimulant, et c'est‿une occasion de démontrer son‿intelligence et son‿éloquence. Mais attention à ne pas trop étaler sa culture générale... Comme dit le dicton : la culture générale, c'est comme la confiture : moins‿on‿en‿a, plus‿on l'étale !

En plus 🎧 198

音声を聞いて、空欄をフランス語で埋めましょう。（→解答と和訳 p.146）

_____ _____ _____ _____ _____ _____ et

n' _____ _____ _____ _____ ___ _____ .

Écouter 解答 3)

106

4-2　Pas de Tatemae（2）

Vocabulaire

donner son opinion　意見を述べる	au contraire　逆に
un interlocuteur　話し相手	pire encore　もっとひどい
hypocrite　偽善的	oser ＋ 動　思い切って〜する
or　さて、ところが	la franchise　率直さ、誠実さ
s'exprimer　自分の考えを表す	également　＝ aussi
moche　醜い、ひどい	
ce n'est pas mon goût　私の好みではない	
faux-cul　（親しい間柄での表現）偽善者	

Écouter

音声を聞いて、内容に最も合うものを下から選びましょう。

1) フランス人の間では失礼なことを言っても許される。

2) 率直な物言いをすると、友達がいなくなる可能性が高い。

3) 偽善者でいた方が楽である。

4) 実際に思っていることを伝える時の言い方が大事である。

Prononciation

リエゾンする箇所には ‿ を、アンシェヌマンする箇所には ⌒ を書きましょう。

　　ou bien pire encore, ils penseront que vous êtes hypocrites

　　la franchise est une qualité souvent appréciée

Les relations humaines　人間関係

5

4-2 Pas de Tatemae（2）

107

読まれた音声を、テクストで確認しましょう。（→和訳 p.146）

Exprimer sa pensée

Lorsque vous parlez avec des Français, n'hésitez surtout pas à donner votre͡opinion. Ce ne sera pas mal vu. Au contraire, si vous‿êtes toujours d'accord͡avec ce qu'on dit, que vous répétez tout le temps « Ah oui, c'est vrai. Oui oui. », vos‿interlocuteurs vont vite s'ennuyer. Ou bien pire͡encore, ils penseront que vous‿êtes͡hypocrites͡et que vous n'osez pas dire ce que vous pensez. Or, les Français aiment savoir ce que l'autre pense. La franchise͡est‿une qualité souvent appréciée. Bien sûr, la façon de s'exprimer est‿également importante. Si je dis « Bah ! Il͡est moche, ton sac ! », je vais vite perdre tous mes‿amis... Je vais plutôt dire « C'est pas trop mon goût ».

En plus

🎧 202

音声を聞いて、空欄をフランス語で埋めましょう。（→解答と和訳 p.147）

Ne ＿＿＿ ＿＿ ＿＿＿＿＿＿ ＿＿＿ ＿＿＿＿＿＿ ＿＿＿＿ ... ＿＿＿＿＿＿ ＿＿＿

gros ＿＿＿＿ - ＿＿＿＿ !

5-1　Taquiner (1)

Vocabulaire

coquin　やんちゃな	taquiner　～をからかう
rire　笑う、ふざける	
omniprésent　遍在する、絶えずつきまとう	un humour　ユーモア
avoir tendance à + 動　～の傾向がある	
prendre ～ au sérieux　～を真剣に受け取る	perplexe　当惑した
ça m'arrive souvent　それは私にはよくあることだ	
une expression　表現	interdit　禁止された
tomber des nues　びっくり仰天する	
s'empresser de + 動　急いで～する	rigoler　笑う、ふざける
se dire　言い合う	fou　頭がおかしい
un prof　= un professeur	
ça n'a pas de prix　値がつけられないほど高い価値がある	

Écouter 　204　205

音声を聞いて、内容に最も合うものを下から選びましょう。

1) 日本人はフランス人のユーモアによく戸惑う。
2) フランス人の先生は変な人ばかりである。
3) フランス人は意地悪くすることが好きである。
4) フランス人は日本人の言うことを真剣に受け取る。

Prononciation

リエゾンする箇所には ‿ を、アンシェヌマンする箇所には ⌢ を書きましょう。

ils ont tendance à prendre ce qu'on dit au sérieux

quand des étudiants me demandent s'ils peuvent aller aux toilettes

読まれた音声を、テクストで確認しましょう。(→和訳 p.147)

Ouh le coquin !

Les Français en règle générale‿adorent taquiner. On‿aime rire‿et faire rire. C'est‿un élément omniprésent dans les relations‿humaines‿en France. Mais les Japonais, eux, ne sont pas toujours‿habitués à ce genre d'humour. Ils‿ont tendance‿à prendre ce qu'on dit au sérieux, et restent donc perplexes. Cela m'arrive souvent. Par exemple, quand des‿étudiants me demandent s'ils peuvent‿aller aux toilettes, je leur réponds parfois « Ah non, désolé, c'est‿interdit ! »... L'expression sur leur visage n'a pas de prix ! Ils tombent des nues ! Je m'empresse de les rassurer en leur disant : « Je rigole ! Bien sûr, tu peux y aller ! » Je pense qu'ils doivent se dire « Il‿est fou ce prof... ». Et ils‿ont raison.

音声を聞いて、空欄をフランス語で埋めましょう。(→解答と和訳 p.147)

_____ _____ _____ _____ _____ ce qu'il

dit. __ _____ _____ , c'est un coquin !

5-2 Taquiner (2)

Vocabulaire 🎧 207

vache 厳しい、冷たい   une notion 観念、概念

avoir l'intention de + 動 ～するつもりである

fréquenter ～と付き合う   consister à + 動 ～することにある

se moquer de ～をからかう、ばかにする

gentiment 感じよく   un lien 絆

se rapprocher 近づく、親しくなる

susceptible de + 動 ～する可能性のある

faire preuve de + 名 ～を示す、発揮する

s'entendre bien 気が合う   une séduction 誘惑

un intérêt 興味   un sens de l'humour ユーモアセンス

un atout 切り札   négligeable 無視できる、取るに足りない

séduire ～の心を捕らえる、～を魅惑する

taper dans l'œil 目の中に叩く＝すっかり気に入る

Écouter 🎧 208 🎧 209

音声を聞いて、内容に最も合うものを下から選びましょう。

1) フランス人は牛が大好きである。

2) 好きな人をよくからかう。

3) 嫌な人をよくからかう。

4) 友達の間でからかいはしない。

Prononciation

リエゾンする箇所には ‿ を、アンシェヌマンする箇所には ⌒ を書きましょう。

on montre en effet parfois notre intérêt vers une personne

ou bien séduire une personne qui nous a tapé dans l'œil

読まれた音声を、テクストで確認しましょう。（→和訳 p.147）

L'amour vache

Qu'est-ce que l'amour vache ? Il‿est‿important de connaître cette notion si vous‿avez l'intention de fréquenter des Français ! L'amour vache consiste‿à se moquer gentiment d'une personne qu'on‿apprécie afin de rire‿ensemble, de créer du lien et de se rapprocher. Plus‿on‿apprécie une personne, plus‿on sera susceptible de faire preuve d'amour vache. Ainsi, les très bons‿amis qui s'entendent très bien se taquinent souvent pour rigoler.

Cela peut aussi être‿une forme de séduction. On montre‿en‿effet parfois notre‿intérêt vers‿une personne‿en la taquinant. Le sens de l'humour‿est‿une qualité très‿appréciée, et un‿atout non négligeable lorsqu'on veut se faire des‿amis, ou bien séduire‿une personne qui nous‿a tapé dans l'œil... Aïe !

音声を聞いて、空欄をフランス語で埋めましょう。（→解答と和訳 p.147）

_____ m' ___ _____ _____ _____ ... J' _____

___ _____ .

Écouter 解答　2)

1-1 Symboles de la France (1)

Vocabulaire 🎧 211

un coq 雄鶏	un maillot 運動シャツ
un athlète スポーツ選手	un jeu de mot しゃれ、地口
latin 古代ローマの、ラテン語の	un sens 意味
gaulois ガリア（ゴール）Gaule の	en temps de ～の時期に
une guerre 戦争	ennemi 敵の
se moquer de ～をからかう、バカにする	frêle もろそうな、弱々しい
menaçant 威嚇的な	au lieu de ～のかわりに
se vexer 傷つく、腹を立てる	une moquerie あざけり、揶揄
faire de A B A を B にする	audacieux 大胆な、斬新な
une fierté 自慢、誇り	
ce n'est pas pour rien que だから～というわけだ	
être fier comme un coq 雄鶏のように自尊心が強い＝とても高慢だ	

Écouter 🎧 212 🎧 213

音声を聞いて、内容に最も合うものを下から選びましょう。

1) 雄鶏は攻撃的で危ないから、フランス人に尊敬されてきた。

2) コック・オー・ヴァンは美味しいから、フランス人に尊敬されてきた。

3) 雄鶏は小さくて弱いから、フランス人はバカにされた。

4) 雄鶏は自尊心が強いから、フランス人はバカにされた。

Prononciation

リエゾンする箇所には ‿ を、アンシェヌマンする箇所には ⌢ を書きましょう。

pour eux, le coq, c'est petit et frêle

c'est-à-dire un animal courageux, audacieux

読まれた音声を、テクストで確認しましょう。(→和訳 p.147)

Le coq

Vous‿avez sans doute déjà aperçu à la télé un coq sur les maillots des‿athlètes français. Mais pourquoi un coq ? Tout vient en fait d'un jeu de mot il‿y a bien longtemps de cela. En latin, Gallus‿a deux sens : gaulois et coq. Ainsi, surtout en temps de guerre, les peuples‿ennemis se moquaient des Français. Pour‿eux, le coq, c'est petit et frêle. Ce n'est pas du tout menaçant, ni dangereux. Cependant, au lieu de se vexer, les Français ont‿utilisé ces moqueries pour faire du coq le symbole des Français, c'est‿à-dire‿un‿animal courageux, audacieux, et avec beaucoup de fierté ! Ce n'est pas pour rien que l'on dit « être fier comme‿un coq » !

En plus 🔊214

音声を聞いて、空欄をフランス語で埋めましょう。(→解答と和訳 p.148)

_____ _____ _____ _____ souvent _____ _____ _____ ,

mais _____ _____ se vexe _____ ... !

Écouter 解答   3)

Vocabulaire (215)

un drapeau	旗、国旗	tricolore	3色の
apparaître	現れる、姿を現す	durant	～の間中
officiel	正式な	à la mode	はやりの
un siècle	世紀	une modernité	近代 [現代] 性
une signification	意味、意義		

Clovis クローヴィス1世 (フランク王国初代の王)

une monarchie	君主制、王政	faire référence à	～を参照する
le lys	白ユリの花	un symbole	象徴
verser du sang	血を流す	une révolte	反乱、暴動
une cohésion	緊密な結びつき、まとまり、統一		

être blanc comme neige 雪のように白い＝まったく無実である

Écouter (216) (217)

音声を聞いて、内容に最も合うものを下から選びましょう。

1) トリコロールの国旗はクローヴィスが考えた。
2) トリコロールの国旗は 1794 年に初めて使われた。
3) トリコロールの国旗はもともとパリの旗だった。
4) トリコロールの国旗はフランス人の統一の象徴である。

Prononciation

リエゾンする箇所には ‿ を、アンシェヌマンする箇所には ⌒ を書きましょう。

le drapeau tricolore est apparu pour la première fois

ces trois couleurs étaient très à la mode

読まれた音声を、テクストで確認しましょう。（→和訳 p.148）

Bleu, blanc, rouge

Le drapeau tricolore‿est‿apparu pour la première fois durant la révolution française de 1789, et est devenu officiel‿en 1794. Il représente l'union des couleurs de Paris, le rouge‿et le bleu, et du roi, le blanc. Ces trois couleurs‿étaient très‿à la mode‿au XVIIIe siècle, et synonymes de modernité et d'idées nouvelles. Mais quelle‿est leur signification ? Tout d'abord, le bleu, qui était la couleur de l'armée du premier roi français, Clovis, représente le peuple. Le blanc, lui, représente la monarchie et fait référence‿à la fleur de Lys, symbole du pouvoir du roi. Enfin, le rouge rappelle le sang versé durant les différentes guerres‿et révoltes. Ces trois couleurs sont‿ainsi le symbole de la cohésion des Français.

En plus 🎧 218

音声を聞いて、空欄をフランス語で埋めましょう。（→解答と和訳 p.148）

___ _____ _____ _____ qu'il _____ _____ _____

_____ … _____ _____ _____ qu' ___ _____ !

2-1　Marie-Antoinette (1)

Vocabulaire　🎧219

un empereur　皇帝、帝王
le saint-empire romain　神聖ローマ帝国　germanique　ゲルマニアの、ドイツの
une archiduchesse　オーストリア皇女　Autriche　オーストリア
plein de vie　元気一杯な
hériter ～ de + [人]　[人] から～を相続する、受け継ぐ
une harpe　ハープ、たて琴　　　　alors que　なのに、であるのに対して
dans l'espoir de　～を期待して　　un rapprochement　歩み寄り、和解
mourir　亡くなる　　　　　　　　appréhender　～を恐れる
un poids　重荷、負担、重圧　　　　une responsabilité　責任
paniquer　おびえる、うろたえる
un rayon de soleil　太陽光線＝心を喜びで満たす人

Écouter　🎧220 🎧221

音声を聞いて、内容に最も合うものを下から選びましょう。

1) マリー＝アントワネットは自分を含めて 17 人兄弟だった。
2) マリー＝アントワネットは 15 歳の時にルイ 16 世と結婚した。
3) マリー＝アントワネットは父親からたくさんのお金を受け継いだ。
4) マリー＝アントワネットは女王になる心構えができていなかった。

Prononciation

リエゾンする箇所には ‿ を、アンシェヌマンする箇所には ⌢ を書きましょう。

c'était une enfant joyeuse

quatre ans plus tard, Louis XV meurt et Louis XVI et Marie-
Antoinette

読まれた音声を、テクストで確認しましょう。（→和訳 p.148）

Marie-Antoinette (1)

　Marie-Antoinette‿est née le deux novembre 1755 à Vienne. C'est la quinzième des seize‿enfants de François I de Lorraine, empereur du Saint‿Empire romain germanique, et de Marie-Thérèse de Habsbourg, archiduchesse d'Autriche. C'était‿une‿enfant joyeuse, intelligente, et pleine de vie. Elle‿a hérité de son père sa passion pour la musique, la danse, et les‿arts. Adulte, elle jouait notamment de la harpe‿et chantait très bien. En 1770, alors qu'elle n'a pas encore quinze‿ans, elle se marie avec Louis XVI, fils du roi Louis XV, dans l'espoir d'un rapprochement entre la France‿et l'Autriche. Quatre‿ans plus tard, Louis XV meurt‿et Louis XVI et Marie-Antoinette deviennent Roi et Reine... même si le couple, encore bien jeune, appréhende le poids de telles responsabilités et tout naturellement panique donc‿un peu.

En plus　🎧 222

音声を聞いて、空欄をフランス語で埋めましょう。（→解答と和訳 p.148）

_____ . _____

_____ que tout !

Écouter 解答　4)

2-2 Marie-Antoinette (2)

Représentant フランスを代表するもの 6 2-2 Marie-Antoinette (2)

Vocabulaire 🎧 223

se sentir à l'aise　くつろぐ	éprouver　（感覚、感情）を覚える、抱く
une étiquette　（宮廷や公式の場での）礼儀作法	la vie intime　私生活
la cour　宮廷	extrêmement　極めて、非常に
qui plus est　そのうえ	envers　〜に対して
une indifférence　無関心、無感動	fougueux　熱情的な、血気盛んな
souffrir　苦しむ	se réfugier　避難する、亡命する
rebelle　反逆の、反乱の	une fortune　大金、富豪
une somptuosité　豪華さ、華麗さ	
fait sur mesure　オーダーメイドで作られた	
faramineux　とてつもない、すごい	en plein　ちょうど、完全に、真ん中に
une crise　危機	valoir 〜 à +［人］［人］に〜をもたらす
un surnom　異名、あだ名	un déficit　赤字、欠損
guillotiner　〜をギロチンにかける	un procès　訴訟
équitable　公平な、公正な	
péter dans la soie　絹の中でおならをする＝ぜいたくな服装［生活］をする	

Écouter 🎧 224 🎧 225

音声を聞いて、内容に最も合うものを下から選びましょう。

1) マリー＝アントワネットのせいでフランスは赤字になった。

2) マリー＝アントワネットは不幸をまぎらわすためにたくさんのお金を費やした。

3) マリー＝アントワネットは国民にとても好かれていた。

4) マリー＝アントワネットはヴェルサイユ宮殿の生活が大好きだった。

Prononciation

リエゾンする箇所には ‿ を、アンシェヌマンする箇所には ⌢ を書きましょう。

elle éprouve beaucoup de mal avec l'étiquette stricte

son indifférence envers elle la fait beaucoup souffrir

読まれた音声を、テクストで確認しましょう。（→和訳 p.148）

Marie-Antoinette (2)

La nouvelle Reine ne se sent pas à l'aise dans son nouveau rôle. Elle‿éprouve beaucoup de mal‿avec l'étiquette stricte et compliquée de la vie de cour de Versailles, qui ne lui laisse que peu d'espace pour‿une vie intime. Qui plus‿est, même si le roi est doux, il‿est‿extrêmement timide, et son‿indifférence‿envers‿elle la fait beaucoup souffrir. Fougueuse‿et un peu rebelle, elle se réfugie dans‿une vie de somptuosité. Elle dépense des fortunes dans l'art, les jeux et surtout la mode. Elle‿organise souvent des bals, et porte des robes luxueuses faites sur mesure, mais qui servaient rarement plus d'une fois. Toutes ces dépenses faramineuses, alors que la France est‿en pleine crise financière, valent‿à Marie-Antoinette le surnom de Madame Déficit, et elle se fait détester du peuple. Elle sera guillotinée quatre‿ans après la révolution, le 16 octobre 1793, quelques‿heures‿après son procès éclair et peu équitable.

En plus 🎧 226

音声を聞いて、空欄をフランス語で埋めましょう。（→解答と和訳 p.148）

Vu ___ _____ et _____ ____ _____ _____ ___ , ___

_____ _____ ___ ___ !

3-1 Napoléon Bonaparte

Vocabulaire 🎧227

diriger	～を指揮する、指導する	dominer	～を支配する
un génie	天才	militaire	軍隊の
une ambition	野心、願望	un champ de bataille	戦場
une institution	制度、体制	le Sénat	元老院（フランスの上院）
le code civil	民法	admirer	～を敬愛する
critiquer	～を批判する	d'autre part	他方
gouverner	統治する	autoritaire	独裁の、横柄な
privilégier	～を特別扱いする、優先する	s'autoproclamer	自称する
tragique	悲劇的な、悲惨な	une défaite	敗戦、敗北
ruiné	破産した、倒産した		
déporter	～を強制収容所へ送る、流刑に処する		
avoir la folie des grandeurs	誇大妄想狂である		

Écouter 🎧228 🎧229

音声を聞いて、内容に最も合うものを下から選びましょう。

1) ナポレオンは 1799 年に帝王になった。

2) ナポレオンはフランス人に嫌われている。

3) ナポレオンは戦場ではとても勇敢だった。

4) ナポレオンは自由のために戦った。

Prononciation

リエゾンする箇所には ‿ を、アンシェヌマンする箇所には ⌢ を書きましょう。

il a aussi créé de nombreuses institutions qui existent encore
aujourd'hui

il y meurt en 1821

読まれた音声を、テクストで確認しましょう。(→和訳 p.149)

Napoléon Bonaparte

Né à Ajaccio en Corse⌢en 1769, Napoléon Bonaparte⌢a dirigé la France de 1799 à 1815, et a dominé une grande partie de l'Europe. Connu pour son génie militaire⌢et politique, ainsi que son‿ambiton et son courage sur les champs de bataille, il⌢a aussi créé de nombreuses‿institutions qui existent⌢encore⌢aujourd'hui : la Banque de France, le Sénat, les lycées, et le code civil⌢entre⌢autres. C'est‿un personnage⌢admiré par beaucoup, mais aussi très critiqué d'autre part car⌢il gouvernait de manière très‿autoritaire⌢en privilégiant l'égalité à la liberté. Il s'est d'ailleurs⌢autoproclamé empereur le 2 décembre 1804. Après sa tragique défaite de Waterloo en 1815, il laisse derrière lui une France ruinée et détestée de ses pays voisins. Déporté à Saint‿Hélène, il⌢y meurt⌢en 1821.

En plus 🎧230

音声を聞いて、空欄をフランス語で埋めましょう。(→解答と和訳 p.149)

_____ _____ _____ _____ , ___ ____ va _____

_____ ... ____ _ vraiment _____ _____ _____ .

Écouter 解答   3)

3-2　Monet

Vocabulaire　🎧231

une enfance　子供時代

Le Havre　ル・アーヴル（ノルマンディー地方の都市）

en plein air　戸外で　　　　　à l'époque　その頃は

un atelier　作業場、アトリエ　　réaliser un rêve　夢を実現する

se lasser de　〜に飽きる　　　un sujet　主題、題目、テーマ

un reflet　反射光　　　　　　　une impression　印象、感想

fugitif　つかの間の、はかない　une obsession　妄想、強迫観念

quotidien　毎日の　　　　　　　un tourment　激しい苦しみ、苦悩

un paradis　楽園、天国　　　　　une propriété　所有地、（田舎の）大邸宅

ne pas pouvoir voir [人] en peinture　[人] を絵でも見られない＝ [人] が大嫌い

Écouter　🎧232 🎧233

音声を聞いて、内容に最も合うものを下から選びましょう。

　　1) モネは外で絵を描くことが一番好きだった。

　　2) モネは 17 歳で画家になるためにパリに行った。

　　3) モネはパリの風景が大好きだった。

　　4) モネは貧乏なので画家になろうと思った。

Prononciation

リエゾンする箇所には ‿ を、アンシェヌマンする箇所には ⌒ を書きましょう。

　　car à l'époque on peignait surtout en atelier

　　presque sans argent, il part à Paris

読まれた音声を、テクストで確認しましょう。(→和訳 p.149)

Monet

Né à Paris le 14 novembre 1840, il‿a vécu toute son‿enfance‿au Havre. Il découvre la peinture‿assez tard, à dix-sept‿ans. Il peint la plupart du temps en plein‿air. C'est quelque chose de rare, car‿à l'époque‿on peignait surtout en‿atelier. À dix-neuf‿ans, presque sans‿argent, il part‿à Paris pour réaliser son rêve, devenir peintre. Il‿entre donc dans‿une‿école mais s'en lasse vite. Il préfère‿aller peindre dehors ses sujets préférés : les jeux de lumière, les reflets sur l'eau, saisir des‿impressions fugitives... Comme il‿a si bien dit : « La couleur‿est mon‿obsession quotidienne, ma joie et mon tourment. » Durant les vingt dernières‿années de sa vie, passionné par le jardin de sa maison, celui-ci devient presque son‿unique sujet de peinture. Il meurt‿à Giverny en 1926, dans son petit paradis qu'était sa propriété.

音声を聞いて、空欄をフランス語で埋めましょう。(→解答と和訳 p.149)

_____ , _____ , vulgaire... ____ ____ _____

____ ____ _____ !

Écouter 解答   1)

4-1 Antoine de Saint-Exupéry (1)

Vocabulaire (235)

un auteur	作家、著者	malgré	～にもかかわらず
une perte	失うこと、喪失	relativement	相対的に、比較的
ne pas être son fort	苦手だ	fasciner	～を魅惑する、幻惑する
monter à bord de	乗船［搭乗／乗車］する		
assurer	（業務、生産など）～を確実に行う	un courrier	郵便物
fragile	壊れやすい		
avoir failli + 動	危うく～するところだった		
fatal	致命的な	un armistice	休戦
quitter	～から離れる	traduire	～を翻訳する
le plus ～ au monde	世界で最も～		
à la belle étoile	美しい星に＝戸外で夜に		

Écouter (236) (237)

音声を聞いて、内容に最も合うものを下から選びましょう。

1) サン＝テグジュペリは 12 歳で初めて飛行機を操縦した。

2) サン＝テグジュペリは父と弟を亡くして子供時代は幸せに過ごせなかった。

3) サン＝テグジュペリはトゥールーズで『星の王子さま』を書いた。

4) サン＝テグジュペリは砂漠で死にかけた。

Prononciation

リエゾンする箇所には ‿ を、アンシェヌマンする箇所には ⌒ を書きましょう。

il y monte à bord pour la première fois

il aura plusieurs accidents

読まれた音声を、テクストで確認しましょう。(→和訳 p.149)

Antoine de Saint-Exupéry (1)

Célèbre‿auteur du Petit Prince, il‿est né le 29 juin 1900 à Lyon. Malgré la perte de son père‿à l'âge de quatre‿ans et de son petit frère‿un peu plus tard, il vit une‿enfance relativement heureuse. L'école n'est pas son fort, mais les‿avions le fascinent, et il‿y monte‿à bord pour la première fois à l'âge de douze‿ans. À partir de 1926, il‿assure le transport du courrier entre Toulouse‿et le Sénégal. Les‿avions de l'époque sont fragiles, et c'est souvent un voyage difficile. Il‿aura plusieurs‿accidents, dont un dans le désert, qui a failli être fatal. Après l'Armistice‿en juin 1940, il quitte la France pour New York. C'est là qu'il‿écrira le Petit Prince, livre le plus traduit et vendu au monde‿après la Bible.

En plus 〔238〕

音声を聞いて、空欄をフランス語で埋めましょう。(→解答と和訳 p.149)

_____ _____ _____ , _____ _____ et _____

_____ _____ _____ .

Vocabulaire 🎧(239)

exiler （ある場所から）〜を遠ざける	occuper 〜を占領する
désirer + 動 〜することを希望する	à tout prix 是が非でも
libérer 〜を解放する	une patrie 祖国
mettre à profit 生かす	un talent 才能
une blessure 傷	coûter à + [人] 〜 　[人]に〜を失わせる
handicaper 〜に障害を負わせる	calmer 〜を鎮める、落ち着かせる
une douleur 苦痛	arriver à + 動 〜することに成功する
une mission 任務	une reconnaissance 偵察
décoller 離陸	une disparition 行方不明
un malaise 不調、気分の悪さ、目まい	abattre 〜を撃墜する
un suicide 自殺	
le mystère reste entier いまだ謎に包まれている	
voler de ses propres ailes 自分の羽で飛ぶ＝独り立ちする、自立する	

Écouter 🎧(240) 🎧(241)

音声を聞いて、内容に最も合うものを下から選びましょう。

1) サン＝テグジュペリはコルシカで亡くなった。

2) サン＝テグジュペリは過去の飛行機の事故で体が不自由になった。

3) サン＝テグジュペリはニューヨークに残りたかった。

4) サン＝テグジュペリは憂鬱で自殺した。

Prononciation

リエゾンする箇所には ‿ を、アンシェヌマンする箇所には ⌒ を書きましょう。

il désire à tout prix aider à libérer sa patrie

il arrive quand même à être accepté

読まれた音声を、テクストで確認しましょう。(→和訳 p.149)

Antoine de Saint-Exupéry (2)

Exilé à New York͡et loin de la France͡occupée par les‿Allemands, il désire͡à tout prix aider à libérer sa patrie en mettant à profit ses talents de pilote. Cependant, les blessures de ses‿accidents d'avion, qui ont failli lui coûter la vie, le handicapent grandement. Il boit beaucoup d'alcool pour calmer ses douleurs, et n'arrive même plus à s'habiller tout seul. Malgré tout ça, il͡arrive quand même͡à être͡accepté pour faire des missions de reconnaissance. Ainsi, le 31 juillet 1944, il décolle de Corse afin de prendre des photos vers les‿Alpes. On ne le reverra plus jamais. Aujourd'hui encore, on ne connaît pas la cause de sa disparition. Malaise ? Abattu ? Suicide ? Le mystère reste͡entier.

En plus   (242)

音声を聞いて、空欄をフランス語で埋めましょう。(→解答と和訳 p.150)

_____ beaucoup _____ _____ _____ , mais _____

_____ _____ _____ _____ _____ _____ .

Écouter 解答   2)

5-1 La tour Eiffel

Vocabulaire

au départ　初めは、最初に
temporaire　一時的な
une exposition universelle　万国博覧会
des travaux　工事、作業
s'achever　達成される、出来上がる
à temps pour　〜に間に合って
une utilisation　使用、利用
radiotélégraphique　無線電信の
une démolition　取り壊し
le fer　鉄
avoir chaud aux fesses　お尻が熱い＝危ないところである

un monument　大建造物
ériger　〜を建てる
démonter　分解する、取り外す
colossal　大規模な

défigurer　〜を損なう
en tant que　〜として
sauver de　〜から助け出す
la Dame　貴婦人
payant　有料の

Écouter

音声を聞いて、内容に最も合うものを下から選びましょう。

1) パリの住民はすぐエッフェル塔を気に入った。

2) 1910 年にエッフェル塔がいったん分割された。

3) エッフェル塔は世界で最も訪問されている建造物である。

4) エッフェル塔は無線電波基地としての使用によって解体から免れた。

Prononciation

リエゾンする箇所には ⌣ を、アンシェヌマンする箇所には ⌒ を書きましょう。

la tour Eiffel n'était qu'un monument temporaire

juste à temps pour l'exposition

読まれた音声を、テクストで確認しましょう。（→和訳 p.150）

La tour Eiffel

Au départ, la tour‿Eiffel n'était qu'un monument temporaire‿érigé pour l'Exposition Universelle de Paris de 1889, et devait être démontée vingt‿ans plus tard. Les travaux colossaux ont duré exactement deux‿ans, deux mois et cinq jours, pour s'achever le 31 mars 1889, juste‿à temps pour l'exposition. Avec ses 312 mètres, il s'agit à l'époque du monument le plus haut du monde. Cependant, elle n'était pas aimée de tous, et certains Parisiens trouvaient qu'elle défigurait le paysage de Paris. C'est son‿utilisation en tant que station radiotélégraphique qui l'a sauvée de sa démolition prévue en 1910. Aujourd'hui, *la Dame de Fer*‿est le monument payant le plus visité du monde, et surtout un symbole fort de Paris, de la France, et de romance.

En plus (246)

音声を聞いて、空欄をフランス語で埋めましょう。（→解答と和訳 p.150）

_____ _____ _____ _____ à quelques centimètres _____

_____ ! J'_____ _____ _____ _____ …

Écouter 解答 4)

5-2　Le Mont Saint-Michel

Vocabulaire

qualifier　〜を形容する	une naissance　誕生、出生
hors du commun　なみはずれた	un évêque　司教
avoir une vision　幻を見る	un archange　大天使
un sanctuaire　神殿、教会	au bout de　〜の果てに、終わりに
obéir à　〜に従う	nommer　〜を名付ける
être loin de　〜とかなり異なっている	actuel　現在の
s'étaler sur　（時間）にわたる	néanmoins　〜にもかかわらず
un témoignage　しるし、あかし	une prouesse　快挙、お手柄
un édifice　大建造物	entourer　〜を囲む
la marée haute　満潮	la marée basse　干潮
un pèlerinage　巡礼	une forteresse　要塞
imprenable　奪取不可能な	rénover　〜を新しくする、改築する
accueillir　〜を迎える	

l'habit ne fait pas le moine　修道服が修道士を作るのではない
　　　　　　　　　　　　　　　＝人を外見で判断してはならない

Écouter

音声を聞いて、内容に最も合うものを下から選びましょう。

1) モン・サン＝ミッシェルは 1300 年に建て始められた。

2) 伝説によると、大天使ミカエルがモン・サン＝ミッシェルを建てた。

3) モン・サン＝ミッシェルは刑務所として使用された。

4) モン・サン＝ミッシェルは 1863 年まで巡礼の地だった。

Prononciation

リエゾンする箇所には ⌣ を、アンシェヌマンする箇所には ⌢ を書きましょう。

l'édifice est en effet au sommet

il a été rénové et ouvert au public, et accueille environ trois millions

読まれた音声を、テクストで確認しましょう。(→和訳 p.150)

Le Mont Saint-Michel

On peut qualifier la naissance du Mont Saint-Michel comme⌢hors du commun. En 708, l'évêque⌢Aubert⌢a des visions de l'Archange Michel qui lui demande de lui construire⌢un sanctuaire. Au bout de la troisième vision, il lui obéit enfin et le nomme⌢ainsi le Mont Saint-Michel. On‿est encore loin du monument actuel dont la construction s'est‿étalée sur 1 300‿ans. Néanmoins, le petit sanctuaire⌢est‿un témoignage d'une véritable prouesse technique⌢et artistique. L'édifice⌢est‿en‿effet au sommet d'un mont entouré de mer lors de la marée haute et de sable lors de la marée basse. Il⌢a été lieu de pèlerinage, mais aussi forteresse⌢imprenable, et prison de 1793 à 1863. Depuis, il⌢a été rénové et ouvert⌢au public, et accueille⌢environ trois millions de visiteurs par⌢an !

En plus 〔250〕

音声を聞いて、空欄をフランス語で埋めましょう。(→解答と和訳 p.150)

On ne dirait pas, _____ ... _____

____ ____ ____ !

1　Société　社会

1-1　Le travail (1)

Lire 和訳：金曜日が待ち遠しい

　フランス人の仕事との関係は日本人のとかなり異なります。一般的に、仕事は優先されるどころではありません。週末を楽しみたくていつだって金曜日の夜が待ち遠しいのです。そして、雇用者と従業員の関係もよりずっと不和なものです。そのうえ、我々は日本人より従順ではありません。上司にも同僚にも考えていることを言うのをためらわないので、そのことで職場でいさかいや敵意を抱くに至ることもあります。最後に、我々にとってはサービス残業をすることなんて、想像にもつきません…どんな労苦も報酬に値します！

En plus 解答と和訳

　Une bonne ambiance sur le lieu de travail, c'est très important pour la motivation des employés.
　職場のよい雰囲気は従業員のやる気のためにとても重要です。

1-2　Le travail (2)

Lire 和訳：仕事より家族

　労働時間はだいたい週に 35 時間です。店員と看護師のような職業以外、週末に働くというのは非常に珍しいです。一日の仕事が終わると、すぐ家に帰るために急ぎます。残業はまれです。実際、趣味と家族に時間をたくさん捧げます。そして、平日でも晩になると 19 時か 20 時ごろに家族みんなで一緒に夜ごはんを食べます。今日はどんな日だったのかや、なんでもないいろいろなことについて話します。食べ終わったら、テレビで 21 時に始まる映画を見ることがよくあります。最後に、ねんね！

En plus 解答と和訳

　J'ai arrêté mon travail parce qu'ils me payaient au lance-pierre.
　給料がわずかだったから仕事をやめた。

2-1　Recevoir du monde (1)

Lire 和訳：我が家にようこそ！

　フランスでは居酒屋がありませんし、友達と一緒にレストランに行く頻度が日本よりはるかに低いです。私たちにとってレストランに行くのは普通のことではありませんし、そこに行くのもたいてい家族やカップルです。そのうえ、一般的にフランスの家は日本のより広いです。ですから、週末に人を食事に誘う方を好み、最もよくあるのは正午から 16 時、17 時までです。新しいレシピを試してゲストを驚かせる機会であるだけではなく、友達や家族とのふれあいを保つとてもいい方法になります。

En plus 解答と和訳

　Je te sers un apéro avant de passer à table ?
　食卓に移る前に食前酒はどう？

2-2　Recevoir du monde (2)

Lire 和訳：アペロの時間！

　人をもてなす時、食事が準備されるのを待つ間によくアペリティフから始め、ヴァン・キュイ＊やパスティスなどのようなお酒を飲みます。様々なつまみやカシューナッツ、オリーブなども食べます。アペリティフは必ずしも食卓で出されるわけではありません。外や居間でもとることがあります。それから、食卓に移る時間になって、前菜、メイン、チーズとデザートを食べます。多くの場合、デザートはその日の朝作った自家製のケーキかタルトです。食事中は水かワインを飲みますが、絶対にビールは飲みませんよ！　た

くさんしゃべるしゆっくりと食べるので、3時間以上続く食事も珍しくありません。
　　＊　アペリティフ用の甘口の加熱ワイン

En plus 解答と和訳

　<u>Quand</u> on <u>est</u> <u>invités</u> chez lui, <u>on</u> <u>mange</u> la <u>plupart</u> du <u>temps</u> à <u>la</u> <u>bonne</u> franquette.
　彼の家に誘われたときは、たいてい気取らずに食べる。

3-1　Les vacances (1)

Lire 和訳：愛しの夏！

　私たちフランス人は夏が大好きで、お気に入りの季節です。よく晴れて暑いですが、乾燥しています。そして、9時半ごろ夜遅くまで明るいので、徹底的に一日を満喫できます。それに、太陽が大好きで日焼けもしたいのです。日焼けした肌は健康の印で、かっこいいと思われています。そういうわけで、夏にフランス人の多くはたいてい2週間から1か月の休暇を取ります。慌てず落ち着いて時間をかけて物事をするのが好きですし、そのおかげで気分転換になってマンネリな日常から離れることができます。最後に、夏休みといえば海とビーチです！　大西洋と地中海は考えておかなくてはならない旅先です。暑さを避けたい人々は、ブルターニュ地方やノルマンディー地方によく行きますが、そこは少し北海道に似て、夏が穏やかです。

En plus 解答と和訳

　<u>Comme</u> je <u>fais</u> <u>souvent</u> du ski, <u>je</u> <u>prends</u> aussi des <u>coups</u> de <u>soleil</u> en <u>hiver</u>.
　よくスキーをするので、冬によく日焼けする。

3-2　Les vacances (2)

Lire 和訳：キャンプ場

　家族や友達同士で遠出をする時には、ホテルよりキャンプ場が好まれています。フランスにたくさんあって、値段は手頃な上、とても便利でなんでもそろっています。一般的に、テントをはる場所やキャンピングカーを駐車する場所を借りるか、もしくはキッチンや浴室のついたバンガローを借りるかが選べます。ホテルと同じで、キャンプ場の立地や提供しているサービスに応じて星がつくこともあります。例えばキャンプ場の中には海に直接面したところもあります。テニス場やプール、ミニゴルフだって楽しむことができるんですよ！　キャンプ場はいわば小さな村のようなもの。そこでたくさんの知り合いが出来たり、隣人たちと話をしたり…。よくキャンプ場主催のソワレ（パーティ）もあります。若者たちにとっては、それはとりわけひと夏の恋人に出会う機会でもあります。

En plus 解答と和訳

　C'est <u>un</u> <u>camping</u> trois <u>étoiles</u> qui <u>donne</u> directement <u>sur</u> <u>la</u> <u>mer</u> !
　すぐ海に面している三ツ星のキャンプ場です。

4-1　L'école (1)

Lire 和訳：フランスの教育システム

　学校暦は9月の初めにスタートして6月末に終わります。フランスの学校の1日は日本の学校よりも長いです。お昼休みにはお弁当はなく、教室で昼食をとることはありません。学校の食堂でお昼を食べるか、お昼休みに家に帰って昼食をとるのかのどちらかです。次に、塾や部活もフランスにはありません。学校が終わったらすぐに家に帰って宿題をします（もしくは、もしあなたが私みたいなタイプだったら、近所の子たちと外に遊びに行って、宿題は最後ぎりぎりになってするでしょう！）。楽器を習ったり、スポーツをしたり、学校以外での活動をしたい場合は、校外のクラブに登録しなければなりません。そしてたくさんのバカンスがあります！　7、8月の2か月に加えて、7週間ものバカンスがあるんですよ！　フランス人は幸せ者でしょう？

En plus 解答と和訳

J'attends toujours la dernière minute pour faire mes devoirs.
宿題するためにいつもぎりぎり最後の瞬間まで待つ。

4-2　L'école (2)

Lire 和訳：大学

　学校は無料で日本より競争的ではありません。生徒が上の学年に進むのに十分なレベルに達していない場合、留年することも珍しくありません。高校の最終学年の最後には、おそらくフランスでの就学期間の中で最も大事な試験であるバカロレアを受けます。これに合格すると大学に入れます。だから日本とは違い入学試験はありません。そして大学は基本的には無料で、全ての大学がほとんど同じようなレベルです。このように大学に入るのはとても難しいことではありませんが、続けることが難しいのです！　40%の学生だけが1年生から2年生へ進級するのです…！

En plus 解答と和訳

Je dois réussir le baccalauréat pour ne pas redoubler et entrer à l'université l'année prochaine.
留年しないで来年に大学に入るためにバカロレアに合格しなければなりません。

5-1　Les mangas (1)

Lire 和訳：フランスと漫画

　フランスは今日では、アメリカより上、日本に続く世界第2位の漫画市場です。すべては70年代と80年代のテレビから少しずつ始まりました。しかし、真のブームは90年代にありました。ドラゴンボール、聖闘士星矢、キャプテン翼、それにシティーハンターのような熱狂的人気の日本アニメを見てひと世代全部が成長したのです。日本カルチャーの衝撃はあまりにも強く、いまや「マンフラ」＊という語が存在します。作者がフランス人であるという違いはあっても、日本の漫画と同じものです。また、1999年から毎年、パリでジャパンエキスポが開催されており、これは日本文化、より正確には漫画とゲームをテーマとした展示会です。もう一度言いますが、このジャンルの展示会がフランス中のいくつかの他の都市でも行われるほど成功しているのです。
　＊　フランス人が、日本のスタイルで描いた漫画を指す

En plus 解答と和訳

Ce manga a fait un vrai carton quand il est sorti.
この漫画は出た時に大当たりした。

5-2　Les mangas (2)

Lire 和訳：フランス人と日本

　主に漫画を通して知られた日本は、とりわけ若者たちの間で、ここ数年とても人気で、評価の高い国になっています。大学で日本語を学ぶ学生の数はどんどん増えています。彼らが大好きな漫画を見て親しんできたその言語や文化が、彼らを引き付けているのです。2つの国はそれぞれ根本的に全く違う文化を持っていますが、それぞれにない部分を補い合っています。そしてフランス人は「日出ずる国」にとても敬意を持っています。フランス人が日本に来ると、公共交通機関の清潔さや使いやすさ、お店の従業員の礼儀正しさや感じのよさ、そして昼も夜も感じられる治安のよさにとても感心します。六角形の国（フランス）とのこの対比がとても非日常を感じさせ、フランス人はいつでも日本から感激して帰っていくのです。

En plus 解答と和訳

Ta connaissance de la culture japonaise m'impressionne ! Respect !
あなたの日本文化についての知識に感動した！　すごい！

1-1　Le pain (a)doré (1)

Lire 和訳：パンを色々なソースで

　フランスではパンはとてもとても大事なものです。毎食パンを食べます。朝は２つに切ってバターやジャムやスプレッドなどを塗ります。そして次に…コーヒーのカップの中にパンを浸します！　そうです、フランス人はコーヒーやホットチョコレートなどの中にパンやビスケットを浸して食べるのが大好きなんです。おかしいですか？　たぶんね……でもその美味しさといったら！　あなたも試してみてくださいね！昼食、夕食の時には食事をフォークに運ぶのにもパンを使います。すごく便利！　そしてもちろん食後のチーズのためにパンを少し残しておきます。それからフランス人はパンの端っこに目がないんです！　カリカリですよ！

En plus 解答と和訳

　J'ai achété ce vélo en occasion pour une bouchée de pain.
　この自転車を中古でとても安く買いました。

1-2　Le pain (a)doré (2)

Lire 和訳：美味しいパンとは？

　一般にフランス人は、パンがおいしいかどうか、とりわけその色によって一目で見分けることが出来ます。パンの皮は黄金色で鮮やかでなければいけません。もし皮が白かったりくすんでいたりしたら、それはよい印ではありません。皮はカリカリでないといけませんし、形がいびつであればあるほど、職人が丁寧に作ったパンである可能性が高くなります。一方で中の身の部分は空気を含んでいてもちもちで、柔らかくなくてはいけません。畝はちゃんと開いていなければいけません。パンは、水と小麦、塩の３つの材料しか使っていませんが、おいしいパンを作るには技術が求められ、24 時間くらいの発酵時間が必要です。

En plus 解答と和訳

　Son ordinateur est son gagne-pain, donc elle y fait très attention.
　彼女はパソコンが商売道具だから、パソコンをとても大事にしている。

2-1　Le sirop

Lire 和訳：味と色

　多くのフランス人にとって、（炭酸の入っていない）普通の水はおいしくありません。味がしませんからね。そのため炭酸水をよく飲みます。時々炭酸が強すぎて飲んだ後に涙がでてくるほどです！　でもそのスッキリした感覚といったら！　時々フルーティーな味を加えるために、シロップを加えることもあります。シロップを加えれば加えるほど甘くなります。あなたの好みで調節してくださいね。

　シロップにはたくさんの種類があり、最も一般的なものは、イチゴ、グレナディン、ミントです。夏には、シロップ入りの冷たい一杯が喉の渇きをいやしてくれて最高の楽しみになるでしょう。フルーツジュースが好まれる朝食以外は、どんな時間にも飲みますよ。

En plus 解答と和訳

　J'ai toujours la larme à l'œil quand je bois de l'eau gazeuse.
　炭酸水を飲むといつも涙がでてくる。

2-2　Le bio

Lire 和訳：オーガニックは美しい

　オーガニック食品は近年フランスで大きな飛躍を遂げています。オーガニック専門店は増えて今日ではどこにでもあります。見当がつくように言うと、フランス人は日本人の約８倍のオーガニック製品を消費

しています！　自分たちが食べるものや、添加物にますます注意を払うようになっています。加工食品は避け、より健康的に食べるためにお金を少し多く払うようを好むようになっています。それに加えてオーガニック食品はたいていはよりおいしいし、よりナチュラルです。そして牛乳の代わりに、アーモンドミルクのような植物性ミルクを飲むことが増えてきています。同様にヨーグルトも、雌羊やヤギのミルクを使ったものが増えてきていて、これは特に低脂肪なので健康により良いからです。

En plus 解答と和訳

<u>Quand</u> je <u>vois</u> <u>tous</u> <u>les</u> additifs qu'il <u>y</u> <u>a</u> <u>dans</u> ce <u>produit</u>, je <u>deviens</u> <u>chèvre</u> !
この食品に入っている添加物を見ると、ひどくいらいらしてしまうのだ！

3-1　Les produits laitiers (1)

Lire 和訳：ヨーグルト

　フランスの乳製品売り場に行ったことはありますか？　この売り場はフランス人にとってとても重要で…何と言ったらいいかな、生きていくのに必要な売り場です！　なぜなら、フランス人が日常的に消費する牛乳やチーズ、バターなどたくさんの製品があるからです。

　しかし何よりまずヨーグルトです。朝食にも、昼にも夜にもよく食べます。様々な味のものがあります。たくさんの種類のヨーグルトを探してみることを強くお勧めします。たくさんおいしいものが見つかるはずですよ。リエジョワ＊、フェセル＊＊からマロンムース、雌羊のヨーグルトまで、どれだけ驚いても足らないくらいですよ！　これこそ乳製品をめぐる旅です。
　　＊　クリームをのせたチョコレート [コーヒー] ヨーグルト
　　＊＊ ヤギの乳でつくったチーズヨーグルト

En plus 解答と和訳

<u>Je</u> <u>ne</u> vais <u>jamais</u> au <u>rayon</u> des produits <u>laitiers</u> <u>parce</u> <u>que</u> je <u>suis</u> allergique au <u>lait</u>.
牛乳アレルギーだから乳製品の売り場に絶対行きません。

3-2　Les produits laitiers (2)

Lire 和訳：くさいけどおいしい！

　チーズには 400 種類以上があります！　牛のミルクや、雌羊、ヤギのミルク、混ぜ合わせミルクから作られるチーズなど。クリーミーなもの、ハードタイプ、ソフトタイプなどがあります。一部のチーズはにおいがとても強く（本当にすごくすごく強い…）一方でまろやかなものもあります。チーズの多くは熟成期間を必要とします。一般的には昼食・夕食時に食べます。パンと一緒に食べたり、チーズだけで食べたり、赤ワインと一緒に食べることも多いです。多くの地方ではその地方特産のチーズがあります。フランスを旅行した際には、小さなチーズ屋さんにぜひ行ってみてくださいね。大規模店では見つけられないチーズを生産者から直接買うことができますよ。そしてにおいが強いチーズを食べた後にはあなたの妻や夫にキスしてみてください。もしそのキスを受け入れてくれたら、それはその人があなたを本当に愛しているということです！

En plus 解答と和訳

<u>C'est</u> <u>pas</u> <u>la</u> <u>peine</u> d'en <u>faire</u> <u>un</u> <u>fromage</u> !
誇張するには及ばない！

4-1　Le petit déjeuner (1)

Lire 和訳：1 日のいいスタートのために

　フランスでは朝食はとても重要なものです。朝食抜きなんて絶対にしません！　そして朝に塩っぱいものは食べず、いつも甘いものを食べます。さて実際には何を食べているのでしょうか。

　大人は大体パンやビスコットにスプレッドや、とてもたくさんの種類があるジャムを塗って食べます。プレーンブリオッシュやチョコチップ入りブリオッシュやクロワッサンで変化を加えることもあります。

しかしみんなが思うのとは逆に、食パンは滅多に食べません。これらのパンに温かいコーヒーや紅茶、時にはフルーツジュースを一緒に飲みます。

En plus 解答と和訳

Si je <u>saute</u> <u>le</u> <u>petit</u> <u>déjeuner</u>, je <u>n'ai</u> <u>pas</u> <u>assez</u> d'énergie pour <u>étudier</u> <u>le</u> <u>matin</u>.
もし朝ごはんを抜いたら午前に勉強するにはエネルギーが足りません。

4-2　Le petit déjeuner (2)

Lire 和訳：シリアル

子どもの時期、フランス人は最もよくシリアルを食べます。とてもたくさんの種類があり、新製品も多くあります。朝食にはケーキ、パン・オ・ショコラやパン、ブリオッシュ、フルーツ、ヨーグルトなども食べることがあります。一緒にホットチョコレートを飲んで、フルーツジュースもつけることもあります。

そして 15 時から 16 時くらいには、子どもの時も大人になってからも、おやつを食べます。大体はミニケーキで、こちらも様々な味のものがあります。もしあなたがフランスのお店でビスケット売り場に行ったことがなかったら、その広さにきっと驚くと思いますよ！

En plus 解答と和訳

J'ai <u>pris</u> <u>des</u> <u>gâteaux</u> <u>au</u> <u>chocolat</u> <u>pour</u> <u>le</u> <u>goûter</u>. Tu en veux ?
おやつにチョコレートケーキを持ってきた。分けようか。

5-1　Les manières (1)

Lire 和訳：テーブルへどうぞ！

食べる時間になると、みんな、特に子どもたちが食卓を整えるのに協力します。テーブルに着いている時は姿勢をよくし、手がちゃんと見えるようにします。それであなたが手でおかしいことをしていないとわかるわけです！　食べる前にみんなに料理が出されたことを確認し、ボナペティを言い忘れないように。子どもたちは食べ終わったら食卓を離れるのに「テーブルを離れていい？」とひとこと言って許可を得なければなりません。テーブルの片付けも手伝わないといけません。親が「野菜を食べ終わってないなら、食卓を離れてはだめだよ！」と子どもにむっとして言うのを耳にするのも珍しくありません。特にブロッコリー、ホウレンソウですね！

En plus 解答と和訳

Tu <u>pourras</u> <u>sortir</u> <u>de</u> <u>table</u> quand <u>tu</u> <u>auras</u> <u>fini</u> tes légumes !
野菜を食べ終わったら食卓を離れてもいいよ！

5-2　Les manières (2)

Lire 和訳：静かに、お願いします！

食べるときには口を閉じて音を立てないように気を付けることがとても大事です。それはフランス人の食欲をなくしてしまいますよ！　わたしは日本に住んで 8 年になりましたが、日本人がラーメンを食べるのを聞く時にはいまだに嫌な気分です。騒がしすぎて、とても気詰まりなのです。話は変わりますが、パンをテーブルに裏返しに置いてはいけません。失礼ですし、迷信を信じる人にとっては不幸をもたらします。最後に、もしあなたの行儀がいいのなら、げっぷをしたりおならをすることを避けたほうがいいですね。もし我慢ができなかったら、とにかく隣の人や犬のせいにするのがいいでしょう。

En plus 解答と和訳

<u>Ferme</u> <u>la</u> <u>bouche</u> en <u>mangeant</u> ! Tu me <u>coupes</u> <u>l'appétit</u> !
食べるときは口を閉じて！　食欲をなくさせているよ！

3 Régions de France　フランスの地域

1-1　La Corse (1)

Lire 和訳：島の歴史

　昔イタリア人に占領されていたコルシカ島は、今日ではフランスの島です。四国のおよそ半分くらいの大きさで地中海に位置し、ニースから約 200 キロ離れています。日本では 1769 年にアジャクシオで生まれたナポレオン・ボナパルトの出生地として特に知られています。島には飛行機で簡単にアクセスでき、パリから 1 時間半ぐらいしかかかりません。しかし、もしあなたがすでに南仏にいるとしたら、ニースまたはトゥーロン発の夜行フェリーの航海がとても楽しいです。公用語はフランス語ですが、コルシカ語という地域言語も話されています。イタリアの中部方言にとても似ていて、フランス語を話す時にもコルシカのなまりはイタリアのなまりを思い出させます。

En plus 解答と和訳

Petit à petit, les choses ont commencé à se corser.
少しずつ物事が込み入ってきた。

1-2　La Corse (2)

Lire 和訳：特別な島

　コルシカ島はフランス人はもちろん、ヨーロッパ人にとっても好評の旅先です。それももっともです。「美しさの島」というあだ名をつけられて、多様性のある素晴らしい景色を見せてくれます。保護されている自然に囲まれた、細かい砂とトルコ石色の水の浜辺だけではなく、山、湖、マキ（灌木）、美しい村などをたどればこの多面的な島で一時も退屈しないでしょう。そのうえ、食べ物もすごくおいしくて、コルシカの地域的な特産品が多くあります。栗、チーズ、ワイン、またはコッパという燻製されたおいしい豚肉製品です。家族でも、カップルでも忘れられない旅のひとつになるでしょう。

En plus 解答と和訳

On a prévu d'aller sur l'Île de beauté cet été et de profiter des belles plages au sable fin.
今年の夏にコルシカ島に行って細かい砂の美しい浜辺を楽しむ予定です。

2-1　Toulouse (1)

Lire 和訳：ああ、トゥールーズ

　フランス第 4 の都市であるトゥールーズは、フランス南西部に位置し、大西洋と地中海の間、ピレネー山脈の上、スペインの近くにあります。都会的な環境に、心奪われる美しい風景を見せてくれるガロンヌ川とミディ運河が横切る、とても活気のある学生の街です。川や運河沿いは、周辺の住民たちがくつろいだり、ジョギングしたりするのにもよく利用されています。そしてもしスポーツがお好きでしたら、運河沿いを地中海の港町セットまでサイクリングすることもできます。水門をいくつも越えて、とても気持ち良い魔法のような旅になるでしょう。でも 4 日間はかかりますけれどね！

En plus 解答と和訳

Boudu con ! C'est quoi ce monde au bord du canal !
やばい！　なんだ、運河沿いにこんなに人がたくさんいる。

2-2　Toulouse (2)

Lire 和訳：バラ色の街

　トゥールーズは魅力あふれる街で、古い町並みを歩きながら、たくさんの歴史的な場所を見ることができます。色とりどりの街は、「バラ色の街」とも言われています。この名前は、特に中心街にある建物の建築に使われているテラコッタレンガの色から来ています。建築遺産の他には、エアバスの工場がある場

所としても世界的に有名です。ここは見学もできます。最後に、地元のラグビーチームであるスタッド・トゥールーザンは世界でも最も強いチームの一つです。ラグビーはヨーロッパでは人気のあるスポーツです。試合を見に行ってみてはいかがですか？　スタジアムの雰囲気に魅了されるはずです！

En plus 解答と和訳

Il est allé péter à Toulouse juste pour la voir !

彼女に会うためだけに彼は遠くトゥールーズまで行った。

3-1　La Dordogne (1)

Lire 和訳：ドルドーニュ

　ドルドーニュはフランスの南西部にあるヌーヴェル＝アキテーヌ地域圏の県の一つで、ボルドーから遠くない場所にあります。県の名前は、そこを横切るドルドーニュという川の名前から来ています。人口の少ない県でおよそ40万人ですが、前史時代から中世までさかのぼる歴史的遺跡が集中していることで世界的に有名です。これら文化遺産の他にも、ドルドーニュには他にはない非常に魅力的な自然があります。車や徒歩でフランスの田舎を見て回ることで、幸せな気分になれること間違いなしです。食の面では、クルミやイチゴの他に鴨のフォアグラ、コンフィ、胸肉、そして忘れるなかれトリュフで有名です！

En plus 解答と和訳

Cette région est très réputée pour ses vestiges historiques.

この地方は歴史遺産がとても有名です。

3-2　La Dordogne (2)

Lire 和訳：ペリゴール

　ドルドーニュのことを、人はよく昔の名前である「ペリゴール」と呼びます。4つの地域に分けられます。石灰岩から名付けられた、中心部のペリゴール・ブラン（白いペリゴール）、北部の植生豊かなペリゴール・ヴェール（緑のペリゴール）、たくさんのブドウ畑がある土地、南西部のペリゴール・プブル（赤紫のペリゴール）、そしてカシ（ナラ）の深い森から名付けられたペリゴール・ノワール（黒いペリゴール）。この最後の地域（ペリゴール・ノワール）には、有名な美しい村々や、最も有名なラスコーのような息を飲むほどの洞窟など、歴史的な場所が多く集まっているため、最も多くの人が訪れています。そして1000を超える城もあり、目を喜ばせ、フランスの歴史についてさらに学べる、よい機会になるはずです。

En plus 解答と和訳

En France, nous avons visité des sites historiques, et sommes restés dans des auberges de luxe. C'était la vie de château !

フランスで歴史遺産を訪ねて豪華なオーベルジュに泊まった。優雅で豪勢な生活だった！

4-1　Le Grand Est (1)

Lire 和訳：アルザス

　アルザスはグラン・テスト地域圏の一部であり、ドイツと、南部ではスイスと国境を接しています。特別な歴史を持つ、他のフランスの地方とは違った地域です。かつてドイツに属していたアルザスは今日ではフランスとドイツの文化が混ざり合っています。その特別さは切妻屋根の家の建築にも見出すことが出来ます。例えば有名な観光地で、シュークルートやビール、パンデピスなどの食でも知られているコルマールに行けば、それを見ることが出来ます。しかしアルザスはとりわけ白ワインで知られ、ワイン街道に沿って1000以上のワイン畑があり、それらを観光することもできます。

En plus 解答と和訳

Il est très gentil, mais c'est un sac à vin !

彼はとても優しいですが、大酒飲みなんですよ。

4-2　Le Grand Est (2)

Lire 和訳：ストラスブール

　ストラスブールはグラン・テスト地域圏の中心都市です。人口わずか 27 万 7000 人の規模は小さな街ですが、欧州議会があります。多くの人にはヨーロッパの首都のようにみなされています。EU における重要な役割に加えて、ストラスブールは信じられないような魅力を持っています。中世の様式を残した小道がたくさんあり、その小道をふらりと散歩するのはとても楽しいです。建築の豊かさは、まぎれもなく観光客をひきつける重要な要素の一つでしょう。冬には、ストラスブールの有名なクリスマスマーケットが人々を呼び寄せ、おとぎ話のような雰囲気を見せてくれます。パリから電車で 2 時間足らず、この小さな宝石のような街を早く訪れてみてくださいね！

En plus 解答と和訳

Tu peux me donner ton gâteau ?　– Ça va pas ! Tu crois au père Noël !

あなたのケーキをくれるの？　–まさか！　そんなことない！

5-1　La Provence (1)

Lire 和訳：インスピレーションの土地

　フランス南東部にあるプロヴァンスは太陽が全然恥ずかしがりやではない地域です。年間約 300 日が晴天で、フランスで最も天気の良い地域の一つです。その地中海性気候とバラエティに富んだ素晴らしい景観は、セザンヌやファン・ゴッホのようなたくさんの芸術家にとって、長らく枯れることのないインスピレーションの源泉となってきました。

　プロヴァンスではせわしない生き方なんてしません。人生を楽しむ時間を持つのです。国民的スポーツのペタンクを見ればわかりますね！　努力のいらないリラックスできるスポーツです！

En plus 解答と和訳

En été, il faut faire attention au cagnard l'après-midi. Il vaut mieux sortir de la maison après 16 (seize) heures.

夏は午後の強い日差しに気をつけて。家を出るのは 16 時以降がいいでしょう。

5-2　La Provence (2)

Lire 和訳：ラベンダーの香り

　プロヴァンスと聞くと、オリーブの木がところどころにポツンと立つ、見渡す限りに広がるラベンダー畑をすぐに思い出します。この地域の真のシンボルであるこの花は、鼻と同じくらい目からも人を魅了する術を知っています。6 月から 7 月には、広大な土地がラベンダー栽培に使われているヴァランソル高原は、薄紫色の広い海へと変化します。奥に見える濃い青空と共に、プロヴァンスを象徴するこの色鮮やかな風景は、幻想的な場所で興奮して自撮りする世界中の観光客たちを毎年呼び寄せています。

En plus 解答と和訳

T'es fada de travailler sous ce cagnard ! Viens boire un verre d'eau.

こんな暑さの中で働くなんて、正気か？　お水を飲みに来て。

4　Les fêtes　行事

1-1　Noël (1)

Lire 和訳：プチ・パパ・ノエル

　多くのフランス人、とりわけ子どもたちにとってクリスマスは一年で一番待ちに待った祝日です。12 月の始めには雰囲気が少しずつお祭りのようになっていきます。街の道路や家や庭は多くが飾りつけされ、家庭ではクリスマスツリーを準備します。子どもたちはサンタクロースにほしいおもちゃのリストを書い

た手紙を書きます。大人は子どもたちへのプレゼントを買うためにショッピングに出かけます。クリスマスは大きなチョコレートの箱をたくさん買う時期でもあります。おいしいおいしい！

En plus 解答と和訳

Ā Noël, j'ai fait la connaissance du frère de ma petite amie... C'est pas un cadeau !

クリスマスに恋人の兄と知り合った…。彼は嫌なやつだった。

1-2 Noël (2)

Lire 和訳：ツリーの下で

12月24日の夜になると、豪華な食事を食べるために家族で集まります。みんなで贅沢をします！　たいてい、牡蠣やエビ、マグレ・ド・カナール（鴨の胸肉）、フォアグラ、カナッペ、ブッシュドノエルなどを食べます。わかったでしょう、この時期は、ダイエットするのに選ぶには良い時期ではありませんね。次にたいていは映画を見ます。この時期テレビでは特別なプログラムや有名な映画などをたくさんやっています。

そして12月25日の朝、みんなが起きてきたらツリーの下に置いてあったプレゼントを一緒に一つずつ開けます。その後は新しいプレゼントを楽しんで1日を過ごすのが一般的です。

En plus 解答と和訳

Si un jour j'apprends que mon fils fume, je ne lui ferai pas de cadeau !

もしある日息子がタバコを吸うと分かったら、手厳しく当たるよ。

2-1 Le 14 juillet (1)

Lire 和訳：フランス革命記念日の起源

全ては1789年7月14日にパリで蜂起したフランス人の民衆がバスティーユを奪取したことから始まります。そして一年後の同日、1790年7月14日に連盟祭が行われました。この祭りは前年の血なまぐさい数々の出来事の後、フランス人が一つになることを目的としていました。そうして各地方から軍隊がパリに集まり、ルイ16世とマリー＝アントワネットの前で行進をしました。1世紀後の1880年、国は国民を集め国家の精神を強くする（フランス国民であるという自覚を高める）ための祝日を設けることを望みました。そして7月14日が、統一のシンボルである1790年の連盟祭を記念する国民の祝日として選ばれたのです。

En plus 解答と和訳

Mince ! J'ai cassé l'ordinateur de papa... Ça va être ma fête !

しまった！　パパのパソコンを壊してしまった…。やばい、怒られる！

2-2 Le 14 juillet (2)

Lire 和訳：革命記念日、どうやってお祝いをする？

毎年シャンゼリゼ通りでは、大統領や首相、その他たくさんの有名人が参列して革命記念日のパレードが催されます。パレードはテレビの様々なチャンネルでも中継されるので、見逃すことはないはずです！でも一番みんなが楽しみにしているイベントは夜各地で打ち上げられる花火です。最も盛大で有名なのは、花火を見るために数千人が集まるエッフェル塔の花火です。

そして街や、特に田舎では、村の中心でダンスパーティーが催されます。住民たちが集まり夜遅くまでダンスをするんです、昔みたいにね！

En plus 解答と和訳

Il est compliqué. Je ne sais jamais sur quel pied danser avec lui.

彼は複雑な人だ。いつも彼とどんな態度をとればいいかわからない。

3-1 La chandeleur

Lire 和訳：クレープの日

　クリスマスからちょうど 40 日後の 2 月 2 日は、シャンドルール「聖母マリアのお清めの日」をお祝いします。元々は宗教行事ではありますが、今日では自家製クレープと同義語になっています。でもところでなぜクレープなんでしょう？　2 月は冬で寒いですが、日は少しずつ長くなり始めます。春はそんなに遠くはなく、もうすぐやって来ます。そういうわけで丸くて黄金色のクレープは、この季節にとても恋しい太陽を表すのです。生地の中には大抵バニラを入れ、ラムか橙花油を加えます。そしてクレープには好きなものを塗ります！　お砂糖、スプレッド、ジャム…なんていう幸せ！

En plus 解答と和訳

　Les crêpes que j'ai faites ont fondu comme neige au soleil... Il n'en reste presque plus !
　私の作ったクレープはすぐ食べられてしまいました！　もうほとんど残っていません。

3-2 La Saint-Valentin

Lire 和訳：愛のお祭り？

　フランスではバレンタインデーは恋人たちのみがお祝いします。そのため、一緒にお祝いする相手のいないシングルはこの日があまり好きではありません。わかりますよね！

　2 月 14 日にはよく男性は情熱的な愛なら赤、誠実な愛なら白のバラを贈ります。多くのカップルはレストランにも行きますが、それ以外のカップルは家で料理をしてロマンチックな食事をすることを好みます。しかしバレンタインデーは多くの人たちにとって、商業的なお祭りだと見られていることは知っておかなくてはなりません。そのためこの日を祝うフランス人は 2 人に 1 人だけです。実際なんで私たちの愛をお祝いするのにこの日を待つのか疑問ですよね？

En plus 解答と和訳

　La bague coûte très chère... Mais bon, quand on aime, on ne compte pas !
　指輪がとても高いけれど…まあ、彼女のためなら、金額は関係ない！

4-1 Pâques

Lire 和訳：卵と一緒にかくれんぼ

　復活祭は宗教が由来のお祭りです。現在ではチョコレートと同義語になっています。復活祭の日曜日は子どもたちにとってとてもワクワクする日です。それもそのはず、庭に「卵狩り」にでかけるのです！親が入念に色々な場所に隠した、卵やニワトリ、ウサギの形をしたチョコ、キャンディーなどをたくさん集めます。もしこの日に雨が降ると、その時は家の中に隠します。これはよい隠し場所を見つけるのに想像力が必要です！　きょうだいの間で本気の競争が始まります！　まずチョコレートを見つけるのに急ぎます、そして次に甘いものを誰にも邪魔されずにむしゃむしゃ食べるのです。でも腹痛には気をつけてね！

En plus 解答と和訳

　Dans une relation amoureuse, j'aime dire ce que je pense et ne pas marcher sur des œufs.
　恋愛の中で、恐る恐る振る舞わないではっきり言うことが好きです。

4-2 La fête de la musique

Lire 和訳：音を大きく！

　毎年 6 月 21 日は音楽の祭日が行われます。当初は 1982 年からフランスのみでお祝いされていました。このお祭りは大成功となり、今日では世界中のあらゆるところでお祝いされています！

　この日はアマチュアやプロのミュージシャンにとって、道で無料で演奏する機会です。友達や家族と一緒に、たくさんのミニコンサートを観たり、ダンスしたり飲んだり、時にはミュージシャンと話をするために街をぶらつきます。散歩をしていると道のいたるところで様々な音楽のスタイルを発見することが出

来ます。夏を迎える前の、お祭り気分でとても熱い日なのです。

En plus 解答と和訳

<u>Je</u> <u>ne</u> <u>veux</u> <u>pas</u> <u>aller</u> au karaoke avec lui… <u>Il</u> <u>chante</u> <u>comme</u> <u>une</u> <u>casserole</u> et me casse <u>les</u> <u>oreilles</u> !

彼と一緒にカラオケに行きたくない…歌うのがすごく下手で耳が痛いんだ。

5-1　Le nouvel an

Lire 和訳：大みそか

フランスでは 1 月 1 日には特別なことはしません。家族や友人とパーティーをするのは 12 月 31 日の夜です。きれいな服を着てとりわけフォアグラや牡蠣、スモークサーモンなどでおいしい食事をします。たくさん飲んで食べた後は、自宅のテレビの前や、大都市では花火を観ながら、12 時になるまでカウントダウンをします。12 時になると「あけましておめでとう！」と大きな声で言って、「良い年と健康」を願ってみんなにキスをします。もし誰かにそれを願うのを忘れたとしても気にする必要はありません。1 月中はずっとそれをすることができますよ！

En plus 解答と和訳

<u>Mon</u> <u>frère</u> <u>s'est</u> <u>mis</u> <u>sur</u> <u>son</u> <u>trente</u> <u>et</u> <u>un</u> pour impressionner sa petite amie.

兄は自分の彼女の気を引くために着飾った。

5-2　La Galette des Rois

Lire 和訳：我こそ王様！

1 月の始めにはガレットデロワを一つ、食いしん坊な人は何個か、食べる習慣があります。ガレットはフランジパーヌクリーム＊入りのでもいいし、ドーナツのように真ん中に穴の開いた丸いブリオッシュでもよいです。フェーブ（陶器の人形）が一つ隠されています。だから飲み込んだり、最悪噛み砕いてしまったりしないよう気をつけなくてはいけません。そうしないと歯が欠けてしまうかもしれません。（フェーブが入っていた）一切れに当たった人が王様、女王様になり、ガレットと一緒にもらっていた紙製の王冠をつけることになっています。とてもたくさんの種類のフェーブがあり、これがセールスポイントになっていることが多いです。フェーブをコレクションしている人もたくさんいますよ。

　　＊　アーモンドクリームにカスタードクリームを混ぜたクリーム

En plus 解答と和訳

<u>Un</u> <u>bon</u> <u>repas</u> et <u>du</u> <u>bon</u> <u>vin</u> <u>avec</u> ma famille… <u>Je</u> <u>suis</u> <u>heureux</u> <u>comme</u> <u>un</u> <u>roi</u> !

家族とともにおいしい食事とワイン…幸せ！

5　Les relations humaines　人間関係

1-1　Le contact (1)

Lire 和訳：ビズ！　ビズ！

わたしたちは小さいころからスキンシップが習慣になっています。両親や兄弟、時々は友達にもハグをします。家族や友達に挨拶をする時もほとんどいつもビズ＊をします。たくさん人がいる時、例えば食事会やパーティーの時は疲れてしまいます！　想像してみてください、もし 10 人いたら、普通は一人につき 2 回ビズをしなくてはいけないので、つまりビズは 20 回です！　それだけではありません。おやすみなさいを言う時や、プレゼントを受け取ってありがとうと言う時にもビズをするのです。もうあなたには予告しましたよ。フランスに行く前には唇の筋肉を鍛えることを忘れないでね！

　　＊　頬をつけて口で音をたてるキス

■En plus 解答と和訳

　Je me mords les lèvres de lui avoir fait confiance.
　彼を信用したことをすごく後悔している。

1-2　Le contact (2)

Lire 和訳：お散歩する手

　フランス人はこのように触れることでたくさんのコミュニケーションをとります。毎日の生活に欠かせない要素であり、これによって私たちは多くの感情を表現します。恋愛関係の中でも重要です。いつもキスをするし、手をつないだり、腕や背中をなでたり、お互いに触れあったり…。とてもスキンシップが多いんです。他の人がいる前でもです！　たとえ少しは控えめだったとしても、日本人にとっては、フランスの公園や道路で若いカップルが公共のベンチでキスを交わしているのを見かけたら戸惑ってしまうでしょう。要するに、日常的なこういう小さな仕草全てが愛の証明であり、安心させ、とても心地がよいのです。

En plus 解答と和訳

　Viens me faire un câlin et un gros bisou avant de partir !
　行ってしまう前に私にハグと大きなキスをしに来て！

2-1　Les relations amoureuses (1)

Lire 和訳：永遠の愛

　フランス人はイメージの通り、ロマンチックな方です。恋愛生活にかなり重きをおいています。そのため「自分の半分」（＝恋人）とのコミュニケーションは最も重要で、問題が起きたときには自分が思っていることを伝えることをためらいません。実際、わたしたちは不満をため込むような傾向はかなり少ないです。そうして問題を解決しようと率直に話し合って、それで時々けんかにまで発展してしまうことは珍しくありません。

　そしてもしある日相手にもう愛情を感じなくなったら、結婚しているかどうかに関わらずためらうことなく別れます。フランスでよく言われているように、うまくいかない相手といるよりも一人の方がよいのです！

En plus 解答と和訳

　Je suis allé à la fête d'un ami hier soir, et je me suis pris deux râteaux...
　昨日の友人のパーティーで（ナンパして）2回も断られた…。

2-2　Les relations amoureuses (2)

Lire 和訳：友達の大切さ

　フランス人は自分の悩みなどを友達とよく話します。友達の意見はわたしたちにとって重要です。まず新しい彼氏や彼女を友人たちに紹介するのは、とても重要な段階です。実際にカップルで友人たちと共に行動することもよくあります。このようにして友人たちと恋人は少しずつ友達になっていきます。それに加えて、相手の友達を知ることは、「自分の半分」をもっとよく知る方法です。というのはことわざで言われているように、類は友を呼ぶのです！　そして運が良ければ、愛する人の自分の知らなかったちょっと際どくて面白いエピソードを彼らは教えてくれます！　そして多分驚くと思いますが、浮気をすることはとても悪いことだと思われています。友人のパートナーが私たちの友達になった時はなおさらです。

En plus 解答と和訳

　Je n'ai pas encore présenté ma copine à mes amis. J'ai peur qu'ils ne l'apprécient pas.
　まだ恋人を友達に紹介してない。彼女を好まないことを恐れている。

3-1　Le mariage (1)

Lire 和訳：結婚の前に

　結婚することに対しての圧力は本当にありません。一番大事なのは、残りの人生を共に歩むことが出来る相手を見つけること。結婚するつもりが全くなくてもパートナーを親に紹介することもよくあるし、定期的に親と会うこともとても普通のことです。そして、結婚する代わりに多くの人がパックス＊や、内縁関係のままとどまることを選択します。結婚を決めると、結婚式に家族と親しい友達だけを招待します。同僚やまして社長とこのひと時を共にするのはとても稀なことです！　結婚式は次の日の朝まで続くパーティーです。楽しみ、踊って、食べて、飲んで、みんなと話をします。
　　＊　フランスのパートナーシップ制度、連帯市民協約

En plus 解答と和訳

Ils <u>filent</u> <u>le</u> <u>parfait</u> <u>amour</u> depuis qu'ils se sont rencontrés, <u>mais</u> <u>ils</u> <u>ne</u> <u>veulent</u> <u>pas</u> <u>se</u> <u>marier</u>.
彼らは会って以来熱烈な恋愛関係だけど、結婚はしたくない。

3-2　Le mariage (2)

Lire 和訳：結婚したら

　大抵の場合、結婚を決める前に同棲をします。というのも、相手と共存できるかどうかを見ることができるのはこの方法しかないからです！　結婚した後も、そして子どもを持った後にも、ロマンチックな関係をキープしようとします。子どもたちは小さいときから自分の部屋で眠ります。それで親たちは自分たちの親密さを保つことができるのです。寝室を別々にすることはとても珍しいです。パートナーと成熟した性生活を持ち続けることや相手とのスキンシップはカップルで居続けるためにはとても大切なことです。そしてよく週末にはカップルで子どもたちを連れて、友人たちに定期的に会うことも続けます。つまり、結婚前と後ではそんなに大きな変化はないのです。でもマンネリ化には気をつけなきゃいけません！

En plus 解答と和訳

<u>Les</u> <u>relations</u> longue distance <u>sont</u> <u>difficiles</u> à continuer... <u>Loin</u> <u>des</u> <u>yeux</u>, <u>loin</u> <u>du</u> <u>cœur</u>.
遠距離は続けにくい。去る者は日々に疎し。

4-1　Pas de Tatemae (1)

Lire 和訳：他人と違っていること

　フランスにはほとんど「建前」は存在しません。フランス人は社会や人間関係において平穏をそれほど重要視していません。そういうわけで、討論や意見の相違はとても良いことだと思っています。他人と違っていたり、同じようなことを言わなくても全く構いません。正しくあろうと努め、自分の視点が正しいと証明するために議論します。時々自分が間違っていることを認めたがらず、不誠実な時もありますが…。ですがフランス人は議論をすることはとても刺激的であり、自分が知的で雄弁であることを見せつける機会だと考えています。しかし一般教養を並べ立てないよう気をつけてください。ことわざにもあるように、「一般教養はジャムのようなもの。持っていない人ほど薄く塗り広げる」のです！

En plus 解答と和訳

<u>Mon</u> <u>père</u> <u>est</u> <u>souvent</u> <u>de</u> <u>mauvaise</u> <u>foi</u> et n'<u>admet</u> <u>jamais</u> <u>quand</u> <u>il</u> <u>a</u> <u>tort</u>.
お父さんはよく不誠実で間違っていることを絶対認めない。

4-2　Pas de Tatemae (2)

Lire 和訳：自分の考えを表現する

　フランス人と話す時、自分の意見を言うのをためらわないでください。それで悪く見られることはありません。反対に、もしあなたがいつも他の人の言うことに賛成していたり、いつも「ああ、本当だね。そうだね」などと繰り返していると、会話相手はすぐに退屈してしまうでしょう。さらにもっと悪いことには、

あなたは偽善者で、自分の意見が言えないのだと考えるでしょう。フランス人は他人が何を考えているのかを知ることが好きなのです。率直であることは、評価される長所の一つです。もちろん表現の仕方も重要です。もし私が「そのかばんカッコ悪いじゃん！」と言ったら、すぐに友達を全員失くすでしょう。むしろこういうのです。「あんまり僕の趣味じゃないな」

En plus 解答と和訳

Ne crois jamais ce qu'il dit... C'est un gros faux-cul !
彼の言うことを信じないで。すごい偽善者だから！

5-1　Taquiner (1)

Lire 和訳：いたずらっ子！

フランス人は大抵からかうのが大好きです。笑ったり笑わせたりするのが好きです。 フランスでは人間関係の中で遍在する要素です。 しかし日本人はこのようなユーモアに必ずしも慣れていないようです。人が言ったことを真剣にとらえてしまう傾向があり、そして戸惑ってしまうのです！ これは私自身にもよくあることです。例えば、生徒がお手洗いに行ってよいか尋ねてきたとき、私は時々「だめです、悪いけどそれは禁止です！」と答えたりします。その時の彼らの表情はどんなものにも勝る価値です！ 彼らはびっくりします！ 私はあわててこう言って安心させます。「冗談だよ！ もちろん行っていいよ！」彼らはきっとこう思っているはずです。「この先生頭がおかしい…」彼らは正解ですね。

En plus 解答と和訳

Il ne faut pas prendre au sérieux ce qu'il dit. Il adore taquiner, c'est un coquin !
彼の言うことを真剣にとってはいけません。やんちゃで、からかうことが大好きです。

5-2　Taquiner (2)

Lire 和訳：牛の愛

牛の愛って何でしょう？ これはあなたがフランス人と付き合っていきたいと思っているのなら、知っておくべき概念です…！ 牛の愛とは、自分が評価している相手に対して一緒に笑ったり、関係を築いたり、お互いに近づくために優しくからかうことです。相手を評価していればしているほど、牛の愛を表現することは多くなります。そのようにしてとても気が合う仲の良い友達同士は、笑うためによくからかいあいます。

　これは誘惑する時のスタイルにもなり得ます。からかうことで相手に対する興味を示すのです。ユーモアのセンスはとても評価される長所であり、友達を作りたい時や、目を叩かれた＊（痛いね！）相手を誘惑する時にも、忘れてはならない切り札です！

　　＊「気に入った」を意味する

En plus 解答と和訳

Cette robe m'a tapé dans l'œil... J'hésite à l'acheter.
このドレスをすっかり気に入った。買うか買わないか迷っている。

6　Représentant　フランスを代表するもの

1-1　Symboles de la France (1)

Lire 和訳：雄鶏

　おそらく皆さんもフランス人アスリートのユニフォームにニワトリがついているのを、テレビで見たことがあるでしょう。でもなんでニワトリなんでしょう？ すべては大昔の言葉遊びから来ています。ラテン語では Gallus はゴール［ガリア］人とニワトリの２つの意味がありました。特に戦いの時には、敵国の人々はそれでフランス人を馬鹿にしていました。彼らにとってニワトリは小さく弱く、脅威でも危険でもないものでした。しかしフランス人はそれに腹を立てる代わりに、ニワトリをフランス人のシンボルにし

ようとこのからかいの表現を使ったのです。つまり勇気があって、果敢で、強い誇りを持った動物です。「ニワトリのように誇り高く」というのにはちゃんと訳があるのです。

En plus 解答と和訳

Mon amie se moque souvent de son frère, mais il ne se vexe jamais... !

私の友達は彼女の弟をよくバカにしているけど、絶対傷つかない…！

1-2　Symboles de la France (2)

Lire 和訳：青、白、赤

　トリコロールの国旗は 1789 年のフランス革命のときに初めて登場し、そして 1794 年に公式になりました。これはパリの色である赤と青、そして王の色である白の同盟を表しています。この 3 色は 18 世紀にとても流行り、近代性や新しい思想と同義語でした。しかしそれらの意味とはなんでしょう？　まず、フランスの初代国王クローヴィスの軍隊の色であった青は人民を表しています。白は君主制を表し、王の権力の象徴である百合の花からとっています。赤はあらゆる戦争や反乱の間に流された血を思い出させます。この 3 色はこのようにしてフランス人の統一のシンボルでもあるのです。

En plus 解答と和訳

Il veut me faire croire qu'il est blanc comme neige... Mais je sais qu'il ment !

彼は全く無罪だと私に思わせたいけど…私は彼が嘘をついていると分かっている！

2-1　Marie-Antoinette (1)

Lire 和訳：マリー＝アントワネット (1)

　マリー＝アントワネットは、1755 年 11 月 2 日、ウィーンで生まれました。ドイツ神聖ローマ帝国皇帝、ロレーヌ家出身のフランツ 1 世とオーストリア大公妃ハプスブルク家のマリア・テレジアの間の、16 人のうちの 15 番目の子どもでした。陽気で、賢く、元気いっぱいの少女でした。彼女は父親から音楽や舞踊、芸術への情熱を受け継ぎました。大人になってからは特にハープを弾き、歌もとても上手でした。1770 年、まだ 15 歳にもならない時、フランスとオーストリアの和解を願って、ルイ 15 世王の息子ルイ 16 世と結婚しました。4 年後ルイ 15 世が亡くなり、ルイ 16 世とマリー＝アントワネットは王と王妃となりました。まだ若かったこの夫婦はこのような責任の重さを恐れ、少しパニックに陥りました。

En plus 解答と和訳

Ma fille est mon rayon de soleil. Je l'aime plus que tout !

私の娘は私のサンシャインです。何よりも大好き！

2-2　Marie-Antoinette (2)

Lire 和訳：マリー＝アントワネット (2)

　新しい王妃は彼女の新しい役割に馴染めません。私生活への余地をほとんど与えない、ヴェルサイユ宮殿での生活の厳格で複雑な礼儀作法がとても苦手でした。その上、王は穏やかでしたが非常に恥ずかしがりやで、マリーに対する無関心さは彼女をとても苦しめました。情熱的で少し反抗的だったマリーは豪華な生活へと逃げました。芸術や遊びや、特にファッションに大金をつぎ込みます。よくダンスパーティーを催し、大抵は 1 度しか袖を通すことのない、オーダーメイドで作らせた豪華なドレスを身に着けました。フランスが経済危機に陥っている最中のこの莫大な浪費は、マリー＝アントワネットに赤字夫人という異名をもたらし、国民に嫌われました。革命の 4 年後の 1793 年 10 月 16 日、とても短く公平性に欠けた訴訟の数時間後、マリーはギロチンにかけられました。

En plus 解答と和訳

Vu la voiture et la maison qu'il a, il doit péter dans la soie !

そんな車を持っていたら、彼はきっとすごいお金持ちだろう！

3-1 Napoléon Bonaparte

Lire 和訳：ナポレオン・ボナパルト

　1769 年コルシカ島のアジャクシオで生まれたナポレオン・ボナパルトは 1799 年から 1815 年までフランスを指揮し、ヨーロッパの大部分を支配しました。軍事的、政治的な才能、そして野心と戦場での勇気でも知られている彼は、フランス銀行、元老院、高校、そして民法典など現在でも存在する多くの制度を作りました。多くの人に称賛される一方で批判もされる人柄でした。なぜなら自由よりも平等を優先し、高圧的なやり方で統治を行っていたからでした。そして 1804 年 12 月 2 日、自ら皇帝を名乗ります。1815 年のワーテルローでの悲惨な敗戦ののち、彼の残したものは、朽ち果てて隣国から嫌われたフランスでした。セントヘレナ島に流刑となった彼は 1821 年にそこで亡くなりました。

En plus 解答と和訳

　<u>Son</u> ambition <u>est</u> <u>exagérée</u>, il <u>ne</u> va <u>jamais</u> y <u>arriver</u>... <u>Il</u> a vraiment <u>la</u> <u>folie</u> <u>des</u> <u>grandeurs</u>.
　彼の野心は大げさ、絶対にできないでしょう…彼は本当に誇大妄想狂だ。

3-2 Monet

Lire 和訳：モネ

　1840 年 11 月 14 日にパリで生まれたモネは、幼少時代をずっとル・アーブルで過ごしました。絵画に目覚めたのはかなり遅く 17 歳の時でした。彼はほとんどいつも屋外で絵を描きました。それは珍しいことでした。なぜなら当時はみんな特にアトリエで絵を描いていたからです。19 歳の時、画家になりたいという夢をかなえるため、ほぼ無一文でパリに旅立ちました。そしてある学校に入学しますが、すぐに飽きてしまいました。彼は自分のお気に入りのテーマ、光のきらめきや、水面の反射、束の間の印象などを外で描く方が好きだったのです。「色は日々私にとりついて離れないものであり、私の喜びであり、私の苦悩である」とモネが言った通りです。モネは最後の 20 年間自宅の庭に夢中になり、庭は彼の唯一の絵のテーマとなりました。1926 年、ジベルニーの彼が保有していた小さな天国で息をひきとりました。

En plus 解答と和訳

　<u>Il</u> <u>est</u> <u>bête</u>, <u>arrogant</u>, vulgaire... <u>Je</u> <u>ne</u> <u>peux</u> <u>pas</u> <u>le</u> <u>voir</u> <u>en</u> <u>peinture</u> !
　彼はバカで、高慢で、下品で…大嫌い！

4-1 Antoine de Saint-Exupéry (1)

Lire 和訳：アントワーヌ・ド・サン = テグジュペリ（1）

　『星の王子さま』で有名な作家のサン = テグジュペリは 1900 年 6 月 29 日にリヨンで生まれました。4 歳で父を亡くし、その少し後に弟を亡くしたにもかかわらず、比較的幸せな幼少期を過ごします。学校は苦手でしたが飛行機に魅了されており、12 歳の時に初めて飛行機に乗りました。1926 年からトゥールーズとセネガル間の郵便物の輸送に従事します。当時の飛行機は壊れやすく、旅は大抵困難なものです。何度も事故を起こし、その中の砂漠の事故では命を落としかけました。1940 年 6 月の休戦協定 * の後はフランスを離れニューヨークに旅立ちます。そしてそこで、世界で聖書の次に翻訳され、販売されている『星の王子さま』を書くことになるのです。
　　*　ナチス・ドイツとフランスの間で結ばれた休戦協定

En plus 解答と和訳

　<u>Quand</u> j'étais <u>jeune</u>, j'adorais <u>camper</u> et <u>dormir</u> <u>à</u> <u>la</u> <u>belle</u> <u>étoile</u>.
　若いころ、キャンプして野宿することが大好きだった。

4-2 Antoine de Saint-Exupéry (2)

Lire 和訳：アントワーヌ・ド・サン = テグジュペリ（2）

　ドイツ人に占領されたフランスから遠く離れ、ニューヨークに移り住んだサン = テクジュペリは、パイ

ロットの才能を生かして何としてでも祖国を解放する手助けをしたいと望んでいました。しかし彼の命を奪いかけた数々の飛行機事故での傷は、彼にとって大きなハンディキャップになっていました。苦しみを鎮めるためにたくさんの酒を飲み、すでに一人で着替えをすることもできなくなっていました。しかしその状況にもかかわらず、彼は偵察のミッションに従事することを許可されました。そして 1944 年 7 月 31 日、アルプスで写真を撮るためにコルシカ島から飛び立ちます。そしてその後彼を再び見ることはありませんでした。今日でもまだ彼が行方不明になった理由はわかっていません。体調不良？　撃墜？　自殺？　いまだ謎に包まれたままです。

En plus 解答と和訳

Je l'ai beaucoup aidé jusqu'à maintenant, mais il faut qu'il vole de ses propres ailes.
今まで彼をたくさん助けたけど、彼は自立しなければならない。

5-1　La tour Eiffel

Lire 和訳：エッフェル塔

　エッフェル塔は当初、1889 年のパリ万博のために建設され、20 年後に解体される予定の一時的な建造物にすぎませんでした。大規模な工事は、万博の開催日の直前 1889 年 3 月 31 日の完成に向け、正確には 2 年 2 か月と 5 日間続きました。312 メートルの高さで当時は世界で最も高い建造物でした。しかしみんなに愛されたわけではなく、パリの一部の人々はエッフェル塔はパリの景観を損なうものだと思っていました。1910 年に予定されていた解体からエッフェル塔を救ったのは、無線電波基地としての使用によってでした。今日、「鉄の貴婦人」は世界で最も訪問されている有料の建造物であり、そしてとりわけパリ、フランス、ロマンスのシンボルになっています。

En plus 解答と和訳

La voiture est passée à quelques centimètres de moi ! J'ai eu chaud aux fesses...
車は私から数センチ離れたところを通り過ぎました。危ないところでした！

5-2　Le Mont Saint-Michel

Lire 和訳：モン・サン＝ミッシェル

　モン・サン＝ミッシェルの誕生は、他に類を見ないものだと言えるでしょう。708 年、司教オベールは大天使ミカエルの幻を見て、教会を作るようお告げを受けました。3 度目の幻で彼はとうとうそのお告げに従い、その教会をモン・サン＝ミッシェル＊と名付けたのです。建設に 1300 年もの年月を費やした現在の建物にはまだまだ程遠いですが、この小さな教会はまさしく技術的、芸術的な偉業のあかしでした。建物は満潮時には海に囲まれ、干潮時には砂に囲まれる山の頂上にたっていました。巡礼の地であり、難攻不落の要塞であり、1793 年から 1863 年の間は牢獄でした。そこから改修され一般公開され、1 年に 300 万人の観光客を受け入れています。

　　＊　「ミッシェル」はミカエルのフランス語での発音

En plus 解答と和訳

On ne dirait pas, mais c'est un médecin... L'habit ne fait pas le moine !
そう見えないけど、彼は医者だ。人を外見で判断してはいけないね！

著者紹介

フローラン・ジレル・ボニニ（Florent Girerd Bonini）

ボルドー生まれ、トゥールーズ育ち。都内のフランス語学校「レグザゴン」代表。朝鮮大学校講師。フランス語教授資格 FLE 取得。著書に『サクサク話せる！フランス語会話』（白水社）

レグザゴン web サイト　https://www.l-hexagone.com/

中級を目指す
60トピックで鍛えるフランス語リスニング

2023 年 4 月 1 日　印刷
2023 年 4 月 25 日　発行

著　者 ©　フローラン・ジレル・ボニニ

発行者　　岩　堀　雅　己

印刷所　　株 式 会 社 三 秀 舎

発行所　101-0052 東京都千代田区神田小川町 3 の 24
　　　　電話 03-3291-7811（営業部），7821（編集部）　株式会社　白水社
　　　　www.hakusuisha.co.jp
　　　　乱丁・落丁本は送料小社負担にてお取り替えいたします。

振替 00190-5-33228　　Printed in Japan　　加瀬製本

ISBN 978-4-560-08969-9

もうネイティブとの会話が怖くない！

サクサク話せる！
フランス語会話

フローラン・ジレル・ボニニ ［著］

キーフレーズで表現の型を知る．シチュエーション別の
会話例でやりとりの流れをつかむ．だから，言いたいこ
とがパッと出てくる！　　　　　　　　　Ａ５判　146頁

聞く＋書く でリスニングのはじめの一歩を

やさしくはじめる
フランス語リスニング

大塚陽子，佐藤クリスティーヌ［著］

文字の読み方からスタート．聞いて書き取る練習で，聞
き取りのコツ，文法や表現を確認しながら，短文，会話
へとリスニング力アップ！　音声はアプリあり．

Ａ５判　117頁

3段階式の問題で聞き取りのカギを習得

文法力で聞きわける
フランス語
徹底トレーニング

大塚陽子，佐藤クリスティーヌ［著］

似た発音が多いフランス語，聞き取りを上達させる近道
は，耳を「慣らす」だけでなく，聞きわけるカギを「習う」
ことです．　　　　　　　Ａ５判　154頁【CD付】